SAGGIO

A Elena,

lontana ma sempre

vicina.

Con affetto

Sonda

SAGGI

1. **Giulio Castagnoli,** *Le forme della musica*
2. **Andrea Riscassi,** *Anna è viva*

Peter Niggli, *Quale sviluppo dopo l'11 settembre?*
Leonardo Evangelista, *Professione orientamento*
Tom Regan, *Gabbie vuote*
Caterina Mengotti, *Il femminile al potere*
The Yes Men, *Il potere è nudo*
Stefano Boschi, *Terapia dei Nuclei Profondi*
James Rachels, *Quando la vita finisce*
Malek Chebel, *Manifesto per un Islam «moderno»*
Jim Mason, *Un mondo sbagliato*
Sergio Quinzio, *Domande sulla santità*
Nicoletta Molinari, *Miracolo a Milano*
Eknath Easwaran, *Badshah Khan*
Thomas Benedikter, *Democrazia diretta: più potere ai cittadini*
Ralph R. Acampora, *Fenomenologia della compassione*
Julian Leff, *Psichiatria e culture*
Luciana Baroni, *VegPyramid*
Paolo Pini, *Anda,trianda*
Danilo Dolci, *Dal trasmettere al comunicare*
Norberto Bobbio, *Il terzo assente*
Jacques Semelin, *Senz'armi di fronte a Hitler*
Felix Guattari, *Le tre ecologie*
Jean Ziegler, *La vittoria dei vinti*
Johan Galtung, *Palestina/Israele* (esaurito)
John Mc Neill, *Scommettere su Dio* (esaurito)

Andrea Riscassi

ANNA È VIVA

Storia di Anna Politkovskaja, una giornalista non rieducabile

Sonda

Prima edizione: maggio 2009

ISBN 978 88 7106 555 7

Illustrazione di copertina di Simone Denti.

A mio padre,
che non ha fatto in tempo a vederlo stampato.

EDIZIONI SONDA
....
corso Indipendenza 63
15033 Casale Monferrato (Al)
Tel. 0142 461516 – Fax 0142 461523
E-mail: sonda@sonda.it
Web: www.sonda.it

INDICE

I diritti d'autore di questo volume sono interamente destinati a sostegno dell'Associazione *Annaviva*.

Annaviva è un'associazione nata per appoggiare dall'Italia il rispetto dei Diritti Umani nel mondo ex sovietico e nello spazio a est del muro di Schengen, e per tenere viva la memoria di Anna Politkovskaja, coraggiosa giornalista russa assassinata il 7 ottobre 2006. Anna ha pagato con la propria vita la sua volontà raccontare - tramite i suoi «pezzi» sulla «Novaya Gazeta» - i crimini e le violazioni dei diritti umani attuati dell'esercito di Mosca in Cecenia e, più in generale, nell'intera area caucasica. *Annaviva* ha chiesto e ottenuto - grazie a una petizione popolare sottoscritta da più di 1.500 cittadini - che alla grande giornalista russa fosse dedicato un albero nel Giardino dei Giusti di Milano. Inoltre ha organizzato presidi per onorare la memoria della Politkovskaja a Milano e Roma. *Annaviva* ha manifestato contro la repressione dell'opposizione in Bielorussia e contro l'invasione russa in Georgia. Ma anche per non dimenticare Jan Palach e la deportazione staliniana del popolo ceceno.
Crediamo che il rispetto dei diritti umani nell'est Europa sia una tematica troppo spesso trascurata dai governi occidentali (preoccupati di non disturbare chi possiede gas e petrolio), ma anche dai mezzi di informazione. Anche per questo *Annaviva* ha un sito che racconta cosa accade oltre il «muro di Schengen», veicolando informazioni direttamente dalle terre interessate: www.annaviva.com

PREFAZIONE
Non abbiate paura della verità

di Ottavia Piccolo

Non è stata l'ultima, Anna Politkovskaja.

Mentre stava per uscire questo libro, un giovane avvocato e una giovanissima cronista sono stati freddati a Mosca perché si occupavano di Cecenia.

E non è stata la prima. Molti giornalisti sono stati fatti tacere, in Russia ma non solo. Far tacere le voci del dissenso è una tecnica che tutti i totalitarismi hanno usato. Ma nel caso di Anna Politkovskaja, la sua voce chiara, la sua prosa lineare, la sua gentilezza hanno fatto in modo che in molte parti del mondo qualcuno raccogliesse la sua sfida o perlomeno non dimenticasse.

Questo libro di Andrea Riscassi ci racconta la storia di Anna, le sue battaglie, che a volte sembrano talmente improbe da farci pensare che Politkovskaja fosse presa da una baldanza donchisciottesca e non sapesse distinguere i giganti dai mulini a vento. Invece non è così, Anna sapeva contro chi combatteva, conosceva i suoi contendenti, potenti e pericolosi, e non era incoscicnte: semplicemente, ciò che vedeva e capiva nel suo mestiere di giornalista riteneva doveroso raccontarlo a tutti i costi, affinché anche altri vedessero e capissero.

A che titolo parlo di Anna Politkovskaja e mi permetto di introdurre questo libro di Riscassi? È che, dopo l'assassinio di Politkovskaja, mi è capitato presto di leggerla, studiarla e ricordarla pubblicamente, soprattutto in teatro. Con un testo di Stefano Massini, *Donna non rieducabile*, ho raccontato Anna Politkovskaja, e questo memorandum, diretto da Silvano Piccardi, è parso tanto giusto e necessario che, sotto la direzione di Felice Cappa, ne abbiamo fatto una versione televisiva, *Il sangue e la neve*. Purtroppo faceva parte della serie

Rai Due che fino a poco tempo fa si chiamava *Palcoscenico* e che ora sta diventando un fenomeno carsico tipico di questa Rai. Naturalmente, anche *Il sangue e la neve* non ha trovato fino a oggi la strada per venire alla luce ed essere messo in onda.

Ma altrove, per esempio per testimoniare l'attenzione e la partecipazione di Articolo21, io continuerò a prestare la mia voce e la mia faccia ad Anna Politkovskaja. Primo, perché lei lo merita. E poi, perché, portando quel testo in giro per l'Italia, ho avuto la conferma che Politkovskaja è intesa e rispettata e amata ormai come un simbolo. Al di là di ciò che lei stessa avrebbe voluto: non voleva, infatti, essere un'eroina, voleva fare il suo mestiere. Ma a modo suo, conservando senso critico e onestà.

Spero che questo libro serva a fissare il suo ricordo, ma soprattutto a insegnarci che non si deve aver paura della verità.

Ottavia Piccolo, attrice di teatro, cinema e televisione, in questi ultimi dieci anni ha posto l'accento su testi di particolare valore etico e civile. Una testimonianza di ciò viene anche dalla messa in scena (sotto la direzione di Silvano Piccardi, e con la partecipazione dell'arpista Flora Leda Sacchi) di *Donna non rieducabile*, memorandum teatrale di Stefano Massini, un omaggio alla memoria di Anna Politkovskaya. Dal medesimo testo è tratto *Il sangue e la neve*, che la Piccolo ha registrato per la Rai con la regia di Felice Cappa.

INTRODUZIONE

Vedo tutto, io. È questo, il mio problema. Vedo le cose belle e vedo le brutte.
Vedo che le persone vogliono cambiare
la propria vita per il meglio
ma che non sono in grado di farlo,
e che per darsi un contegno continuano a mentire a se stesse
per prime, concentrandosi sulle cose positive
e facendo finta che le negative non esistano.
Per il mio sistema di valori, è la posizione del fungo
che si nasconde sotto la foglia.
Lo troveranno comunque, è praticamente certo,
lo raccoglieranno e se lo mangeranno.
Per questo, se si è nati uomini non bisogna fare i funghi.

Anna Politkovskaja

Anna Politkovskaja è stata la giornalista russa più famosa del mondo.

La sua notorietà è dovuta a due fattori: l'essersi opposta platealmente al regime instaurato a Mosca da Vladimir Putin[1] e dai suoi discepoli e l'essere stata uccisa sul portone (più precisamente nell'ascensore) di casa, a Mosca, in pieno giorno nell'autunno del 2006, il 7 ottobre, giorno del cinquantaquattresimo compleanno di Vladimir Putin. Un delitto rimasto insoluto (soprattutto rispetto ai mandanti) come molti, troppi altri nella Russia riemersa dalle ceneri del disfacimento dell'Unione Sovietica. Una Russia che la giornalista critica e denuncia in gran parte dei suoi articoli.

Anna Politkovskaja se la prende nei suoi scritti[2] con i vertici del potere (con Putin innanzitutto) ma non risparmia i suoi connazionali, colpevoli di ignavia, di accettare senza batter ciglio l'instaurazione di un secondo regime, a due soli lustri dalla fine di quello sovietico.

Ma, come amaramente ammette,

> «i russi hanno un debole per i fascisti; il nostro destino è la schiavitù. E anche il nostro feticcio, perché ci piace essere schiavi».

Perché se Putin comanda il paese a bacchetta, è anche vero che decine di milioni di persone lo seguono, lo acclamano. Come accadeva in Italia ai bei tempi del Ventennio.

Scrive la Politkovskaja in *Diario russo*[3]:

> «Un tale sistema - giudici corrotti, elezioni falsate, presidenti che se ne fregano spudoratamente dei cittadini - può esistere solo se la gente non protesta. È su questo che conta il Cremlino: ciò che non deve mai mancare in Russia è l'apatia, radicata nella convinzione quasi unanime che il potere *sistemerà* comunque tutto a proprio vantaggio. Elezioni comprese. E più si vota, più la gente se ne convince. Più se ne convince, più se ne frega di tutto e di tutti. Più se ne frega, più è indifesa e muta. Più è indifesa, più il potere se ne approfitta. Non solo in materia di elezioni, ma anche nella vita di tutti i giorni. È un circolo vizioso. Ma pare che alla maggioranza il vizio non dispiaccia. La gente ha un fremito solo e soltanto quando è coinvolta in prima persona. Altrimenti se ne lavano le mani. Reagisco solo se mi pesti i piedi. Il socialismo ci ha resi molto meschini».

È un giornalismo duro e bellissimo, quello della Politkovskaja, un giornalismo d'inchiesta che non ha paura di schierarsi. Un giornalismo che la rende una testimone credibile perché partecipa, non si limita a fare da spettatrice. È una partigiana Anna. Sceglie sempre i più deboli, i più indifesi. Finisce così dalla parte dei ceceni, popolazione caucasica in lotta con Mosca fin dai tempi degli zar. La Politkovskaja va in Cecenia a seguire la cosiddetta seconda guerra[4], quella più distruttiva, quella più razzista, scatenata forse per favorire l'ascesa del grande capo al Cremlino, per consolidare il paese intorno all'unità di fronte al nemico, per compattare il popolo intorno un logoro nazionalismo. È un classico di questi tempi: limitare le libertà personali, nel nome della «guerra al terrore».

> «L'espressione preferita di Putin "operazione antiterrorismo", irrita tutti e fa ridere chi si trova nel pantano ceceno»,

scrive Anna nel suo libro che ha un titolo evocativo, *Cecenia, il disonore russo*[5]. D'altronde, come ricordava Leo Tolstoj, «tutti i governi, con una sfacciataggine sorprendente, hanno sempre affermato e affermano che i preparativi militari e le guerre stesse sono necessarie per mantenere la pace».

Anna non si schiera con i terroristi, ovviamente. Cerca di capire cosa spinga ragazzi e ragazze cecene a indossare una cintura di esplosivo e ad andare in un teatro di Mosca a farsi esplodere insieme a incolpevoli spettatori o in una scuola dell'Ossezia del nord a prendere in ostaggio poveri bambini con le loro maestre. Scrive:

«L'esercito e la polizia, circa 100 mila uomini, si aggirano in Cecenia in uno stato di completo decadimento morale. E che risposta ci si può aspettare se non più terrorismo e il reclutamento di nuovi combattenti nella resistenza?».

È un concetto sul quale insiste anche tre settimane prima di morire:

«In questo periodo nel nostro paese si riscontra un raro fenomeno di stupidità irresponsabile: centinaia di persone ne costringono altre ad accumulare scorte di odio, tanto da rendere il futuro di tutti totalmente incerto».

Personalmente sono molto affezionato ad Anna Politkovskaja. Ne leggevo gli articoli quando comparivano in Italia su «Internazionale». Ovviamente ne ho approfondito la conoscenza soprattutto dopo che è stata assassinata. Non è successo solo a chi scrive queste righe. Per molti, il 7 ottobre 2006, data dell'omicidio, ha rappresentato (a livello di percezione di quel che è diventata la Russia odierna) una sorta di 11 settembre, uno spartiacque nel quale c'è un prima e c'è un dopo. Si leggano in tal senso le premesse che Stefano Massini fa al testo teatrale *Donna non rieducabile* (recitato in modo mirabile da Ottavia Piccolo):

«Non voglio demistificare, ma per me Anna Politkovskaja rappresenta davvero un imbuto: la colossale *Guernica* cecena scorre dentro le sue pareti e confluisce in quel tubo stretto che sono due occhi e una penna. Meccanismo elementare. Esito formidabile»[6].

Insomma, ad Anna hanno sparato con il silenziatore, ma l'eco di quei colpi di pistola è ancora forte.

Sono anni che mi occupo di est Europa. Ho seguito per la Rai prima le guerre balcaniche e poi il disfacimento dell'impero sovietico. Ho una passione per i confini, per le frontiere. Perché sono convinto che sia a cavallo dei mondi che si è in grado di vedere meglio dall'altra parte della «barricata». Dai punti di snodo si osserva con occhi diversi anche la «nostra» fetta di terra, quel mondo di Schengen[7], quel muro di stupida - e valicabile - burocrazia che abbiamo innalzato da quando i tedeschi hanno abbattuto (senza armi né squilli di trombe) quello di Berlino.

Dai punti di confine ho realizzato reportage sul tentativo di decolonizzazione dall'influenza russa in corso nelle terre dell'ex (ex?) «Impero del male». Un tentativo messo in atto con pacifiche rivoluzioni filo occidentali, filo americane, nonviolente, democratiche e a volte russofobe. Verso Mosca, verso la Terza Roma sembra (soprattutto tra le ex repubbliche popolari) non si possa restare nel limbo: o la si odia o la si ama. Quanto è accaduto con la Georgia nell'estate di guerra del 2008 sta lì a dimostrarlo.

È lavorando sulle rivoluzioni arancioni che sono nuovamente incappato in Anna Politkovskaja. È stata uccisa mentre ero in procinto di terminare il mio primo libro[8] e di lei scrivo nel capitolo dedicato alla nuova Russia, arricchita da gas e petrolio e gestita da un manipolo di ex spie sovietiche, con l'assistenza e l'aiuto di abili tecnocrati e propagandisti. Dal 7 ottobre 2006 ho cominciato a studiarla e a seguirne le orme, anche se sono certo di non avere il coraggio che lei ha manifestato, né la preparazione culturale e umana con cui ha affrontato la guerra, le minacce dei soldati, l'isolamento tra i colleghi, ma anche tra amici e familiari.

Mi spiace che Anna sia rimasta in Russia, che non si sia allontanata da Mosca, cecenizzata al punto da registrare omicidi in pieno giorno. Avrebbe potuto andarsene all'estero, cercare di salvarsi. Ma è probabile che qualche spia russa l'avrebbe comunque liquidata, come hanno assassinato Aleksandr Litvinenko[9], ex spia del Kgb[10] diventato accusatore di Putin e fuggito a Londra. Nella capitale britannica è stato avvelenato col Polonio 210 mentre beveva il tè con un signore (diciamo così) che ora siede impunemente alla Duma[11]: Aleksandr Lugovoj, salito alle cronache internazionali per aver seguito in tribuna d'onore la finale moscovita di Champions League 2008, con al collo la sciarpa del Chelsea dell'amico Roman Abramovič[12]. Il Chelsea, e questa è l'unica notizia positiva di quella serata, ha perso la partita.

Litvinenko anche da morto fa paura visto che il suo corpo, seppellito a poca distanza da quello di Karl Marx, nel cimitero londinese di Highgate, continua a emettere radioattività. Il 19 ottobre 2007, pochi giorni dopo l'assassinio della Politkovskaja e pochi giorni prima di morire, l'ex spia sovietica era intervenuto in un dibattito pubblico a Londra, organizzato dal Frontline club e aveva detto quel che pensava dell'omicidio della giornalista russa:

> «So chi l'ha uccisa, conosco i sicari. E sono totalmente sicuro che solo una persona in Russia può uccidere una persona come Anna Politkovskaja. Una giornalista del suo livello non può essere toccata senza l'assenso del vertice. Putin l'ha fatta uccidere».

Un discorso sovrapponibile all'omicidio dello stesso Litvinenko, per uccidere il quale le spie coinvolte sono state parecchie. Marina, la vedova, sta cercando di portare avanti la sua battaglia di libertà e accusa i vertici del Cremlino:

> «Ovviamente non è stato lo stesso Putin. Ma quello che Putin fa in Russia rende possibile uccidere un britannico in territorio britannico (Litvinenko aveva ricevuto la cittadinanza inglese giacché rifugiato politico, *NdA*[13]). Io credo possano essere state le autorità russe»[14].

Un'opinione che rimarrà tale perché le autorità moscovite impediscono agli ispettori inglesi di Scotland Yard di indagare. Anzi, l'indipendente Regno Unito è finito nel mirino del regime moscovita, forse perché i politici inglesi non si sono inchinati ai nuovi zar e continuano a dare asilo ai dissidenti russi. Come ritorsione, a San Pietroburgo e in altre grandi città della Federazione, è stata ordinata la chiusura delle sedi del British Council, colpevoli di diffondere un elemento che infastidisce la Russia di Putin: la cultura indipendente.

In uno dei suoi ultimi incontri ufficiali l'ex premier Tony Blair[15] ha detto a Putin che «la gente ha paura della Russia di oggi». Ne è preoccupata anche in Italia, a mio avviso, ma chi ci governa non sembra rendersene conto.

Chi non ha bisogno di vedere i carri armati russi uscire dai confini per capire dove si sta dirigendo il regime putiniano è Adam Michnik, intellettuale polacco ed ex dirigente di Solidarnosc[16]:

> «È evidente che la Russia sta oggi di nuovo imboccando la strada, storicamente ben collaudata dell'autocrazia di stampo zarista e dell'aggressività bolscevica. Questa svolta della politica russa è la conseguenza della sua politica interna. La storia della Russia è ormai strutturata in modo tale che l'aggressività verso l'esterno viene di solito accompagnata dalla riduzione delle libertà civili e degli atteggiamenti atti a terrorizzare l'opinione pubblica»[17].

Anche Anna Politkovsakaja era conscia della brutta china presa dal suo paese e nel 2001 era andata a vivere a Vienna. Aveva infatti appreso che stava per essere rapita da un ufficiale di polizia di cui lei aveva denunciato le atrocità. Era poi tornata in Russia conscia che, anche all'estero, lei che non poteva permettersi un branco di guardie del corpo sarebbe stata comunque uccisa. Perché come ricorda la professoressa Nina Krušova,

> «tre sono i destini che attendono i nemici di Putin: l'esilio, il carcere o la tomba»[18].

Anna Politkovskaja è sempre stata una giornalista atipica. Il suo approccio alle notizie è laico, disincantato: non ha posizioni predefinite e sostiene di volta in volta le idee che condivide, a prescindere da chi le stia pronunciando. Adotta, come scrive Guido Rampoldi su «Repubblica», un modello capace di «rendere la dimensione epica di quel liberalismo che si ostina a difendere i diritti fondamentali anche in periodi così poco propizi»[19].

È un modo non ideologico di vedere il mondo. Uno stile che a Mosca, come a Milano, è poco frequentato. Scrive Anna nel 2003:

> «L'amara ironia della nostra storia è che in questo particolare frangente i politici più moderati e ragionevoli del panorama parlamentare sono i comunisti. Quegli stessi comunisti che dodici anni fa sono stati rovesciati ora rappresentano la speranza dei democratici di Russia. Faccio persino fatica a scriverlo, ma è così».

Anna dice che fatica a scriverlo, per porre l'accento sull'assurdità di quel che accade a Mosca. Ma in realtà questo è esattamente il suo modo di affrontare la realtà. Caso per caso. Senza schemi. Senza retro pensieri. Con la sola religione della libertà da portare avanti. La libertà di criticare Putin senza essere uccisi. La libertà di essere ceceni senza essere brutalizzati dalla polizia. La libertà di essere soldati senza essere degli infami che approfittano delle divise per stuprare e uccidere ragazzine, sicuri peraltro di farla franca.

Ho cercato di raccontare nelle pagine che seguono chi era Anna Politkovskaja e soprattutto di cosa scriveva e come interpretava il giornalismo. L'ho fatto in modo didascalico affinché questa grande giornalista possa essere conosciuta da più persone possibili. Nella speranza che in questo modo si continui, come lei desiderava, a parlare del regime instaurato in Russia, verso il quale per troppi anni in Europa si è taciuto, sudditi come siamo del gas russo.

Mi baso per questo racconto sui numerosi articoli e sui libri della giornalista russa comparsi in Italia: *Cecenia, il disonore russo*, *La Russia di Putin*[20], *Proibito parlare*[21], *Diario russo* e *Un piccolo angolo d'inferno*[22].

Ho analizzato gli scritti della Politkovskaja e li ho divisi per argomenti, li ho scomposti come in un puzzle. Che qualcuno ha voluto brutalmente spezzare.

1.
UNA GIORNALISTA LIBERALE

Anna Stepanovna Mazepa (diventerà Anna Politkovskaja nel 1978 dopo il matrimonio con Aleksandr Politkovskij) nasce il 30 agosto 1958 a New York, figlia di due diplomatici sovietici, più precisamente ucraini: lavorano entrambi per l'Organizzazione per la sicurezza e la cooperazione in Europa (Osce[1]). Rientrata in Unione Sovietica, si iscrive alla facoltà di giornalismo dell'Università statale di Mosca, la Mgu, la migliore di tutta l'Urss. Lì conosce il futuro marito, Aleksandr, al tempo noto giornalista televisivo russo.

Si laurea nel 1980 con una tesi sulla poetessa Marina Cvetaeva[2], altra donna dal destino tragico, invisa al regime e alla cultura ufficiale sovietica. Anna nel 1982 inizia a lavorare per il quotidiano «Izvestija» e poi per il giornale dell'«Aeroflot»[3] che le dà modo di viaggiare in tutto il paese. Si sposa nell'aprile del 1981 e ha due figli Vera e Il'ja. I due ragazzi dopo l'omicidio si batteranno perché sia fatta giustizia, perché paghi non solo chi ha premuto il grilletto, ma anche chi ha dato l'ordine al killer, chi ha pagato e assistito gli assassini della madre.

Negli anni di Gorbačëv[4], per la giovane Politkovskaja arriva la svolta. La slavista Vivia Benini (che alla Politkovskaja ha dedicato un saggio nel laboratorio online di slavistica «eSamizdat») spiega come la giornalista sia stata fuori dai registri canonici russi fin da quei tempi.

Anna descrive in modo entusiastico quegli anni che

porteranno allo scioglimento per consunzione dell'Urss:

> «Era pura felicità poter leggere, pensare e scrivere tutto ciò che volevamo. Era una gioia. Bisogna essere disposti a sopportare molto anche in termini di difficoltà economica, per amore di libertà».

Sensazioni che spingono la Benini a queste considerazioni:

> «Anche questa dichiarazione sugli anni di Gorbačëv, la avvicina all'opinione che molti occidentali avevano del leader sovietico e del suo operato e, contemporaneamente, ne segna la distanza dall'opinione comune dei russi che invece, nella loro maggioranza, videro la *perestrojka*[5] come un periodo duro, troppo duro e insensato, comunque destabilizzante».

Anna Politkovskaja, invece, come spiega il marito Aleksandr (dal quale si è separata qualche anno prima di essere uccisa[6]),

> «era figlia della *perestrojka*, della *glasnost'*[7] e poi dei giorni appassionati e convulsi che ci portarono in piazza prima nel 1991, poi nel 1993[8]. Aveva partecipato in prima persona a quegli avvenimenti insieme a me che a quel tempo ero molto più esposto di lei, come giornalista e deputato della Duma. Fu allora che iniziò la carriera di Anna, carriera che era stata un po' ritardata dalla nascita dei nostri due figli»[9].

Anna si mette quindi a fare quello che è il suo mestiere naturale: la giornalista. Comincia a collaborare con riviste indipendenti. Nel 1994 è assunta all'«Obščaja Gazeta», giornale per il quale farà il primo viaggio in Cecenia per intervistare l'allora presidente Aslan Maschadov[10]. Nel 1999 approda alla «Novaya Gazeta», bisettimanale[11] d'ispirazione liberale per il quale lavorerà fino alla prematura morte. Il direttore della «Novaya» (piccolo giornale che sfugge ai controlli del regime essendo principalmente di proprietà dei suoi redattori e finanziato anche da George Soros[12] e Michail Gorbačëv) le fa seguire tutto il secondo conflitto caucasico. È promossa inviato speciale ed è l'unica giornalista indipendente che racconta con costanza ed efficacia le vicende cecene.

Il suo giornalismo schietto le costa molto: viene avvelenata[13], arrestata[14], minacciata di morte[15]. È espulsa dalla Cecenia nel 2001 per aver violato la norma russa che prevede che i giornalisti non possano circolare liberamente nelle zone di una guerra, una guerra mai dichiarata in realtà dal Cremlino. Per farle paura, mentre è agli arresti, i militari allestiscono anche una finta esecuzione: dopo essere stata picchiata, viene legata a un mortaio, con la minaccia di farla esplodere. Sarà liberata ed espulsa dalla Cecenia solo grazie all'intervento di amici e colleghi.

Malgrado queste pesanti intimidazioni, non molla. Nell'ottobre 2002, durante l'incursione dei terroristi ceceni del teatro moscovita Dubrovka è chiamata dai terroristi ceceni a mediare. Lei forza la mano delle trattative, entra nel teatro a portare acqua e a cercare un punto di dialogo.

Racconta Irina Fadeeva[16], una delle donne prese in ostaggio e sopravvissuta (perdendo però il suo unico figlio, ucciso da una pallottola russa[17]):

> «Noi ostaggi non sapevamo che era la Politkovskaja a gestire la trattativa, ma ricordo benissimo che a un certo punto il suo nome è stato bisbigliato di bocca in bocca tra le donne del commando terrorista. "Anna, Anna, dicevano, è arrivata Anna". Si capiva che la rispettavano e che avevano fiducia in lei. Purtroppo non è servito a nulla perché poi c'è stato l'intervento delle forze speciali, con quel blitz sciagurato».

Le autorità russe decidono infatti di usare le maniere forti e di autorizzare «quel blitz sciagurato». Il misterioso gas che viene rilasciato nel teatro uccide 33 terroristi[18] e 174[19] ostaggi (tra i quali si registrarono 700 intossicati, praticamente tutti gli spettatori presenti, l'80% dei quali riporterà danni permanenti alla salute). In tutti i certificati di morte compare sempre la stessa causa: terrorismo.

La Politkovskaja rimane molto colpita da ciò che accadde in quel teatro. Pochi giorni prima di essere uccisa, in un'intervista a Natalja Mozgovaja, del sito israeliano «Newsru», ricorda le impressioni di quei giorni:

«Perché i ceceni l'hanno chiamata a fare da mediatrice?
Ci ho pensato a lungo, non ho una risposta. Avevano fiducia in me perché anch'io ero stata prigioniera dei russi. Tuttora non sappiamo cosa sia accaduto in quel teatro.
Si diceva che le vedove nere non volessero morire.
Niente affatto. Avevo parlato con loro. In Cecenia c'era stata quasi una gara tra le donne per poter andare al Dubrovka. Volevano vendicarsi. È una verità crudele.
Si è detto che erano state costrette, drogate.
Nulla di tutto questo. Avevo parlato con loro, avevo parlato con quelli che avrebbero voluto far parte di quel commando e non ci erano riusciti. Sognavano il Dubrovka, ciascuno per un motivo personale. In Cecenia, la sorella per un fratello spesso è più importante della moglie. Al Dubrovka c'erano molte sorelle i cui fratelli erano stati rapiti. Pensavano di vendicarsi così.
Si disse anche che le bombe fossero finte.
È stato provato mille volte che non era così. Semplicemente non avevano una gran voglia di farsi esplodere. La sera prima del blitz si sperava ancora in un accordo. Le loro richieste erano primitive, ma avevano una logica: Putin doveva almeno far vedere di voler fermare la guerra. Dirlo in tv, ritirare le truppe da un distretto ceceno. Non chiedevano né treni, né aerei, né soldi, né droga. Avevo trasmesso le loro richieste dopo essere uscita. Poi è successo quello che è successo. Probabilmente, se avessi saputo come sarebbe andata a finire, non sarei entrata per il negoziato. Avevo capito che le cose stavano andando male alle due di notte: dovevo rientrare nel teatro, invece aveva vinto l'idea dei servizi, niente più trattative. Era chiaro che ci sarebbe stato l'assalto. Ma non potevo immaginare che avrebbero usato il gas, anche se li vedevo scavare passaggi.
La volta successiva, a Beslan[20]*, avevano cercato di avvelenarla.*
Il caso non è ancora chiuso. Dopo, per sei mesi, sono stata malissimo. Ancora adesso, non riesco a lavorare per una giornata piena. Dovrei curarmi.
Non teme che la prossima volta andrà peggio?
Quando scegli la tua strada la vivi, anche perché c'è molta gente che conta su di te»[21].

La Politkovskaja è conscia dei pericoli che corre, essendo stata più volte minacciata di morte, *in primis* dall'attuale presidente ceceno Ramzan Kadyrov[22]. Lo spiega bene nella ultima intervista che rilasciata:

«Non gli piace che io lo ritenga un bandito di Stato, che lo consideri uno degli errori tragici di Putin.
Lo sa da terze fonti o glielo ha sentito dire?

Lui è pazzo, un idiota assoluto. Dice queste cose alle riunioni di governo. Come un bambino terribile, dice e fa ciò che vuole. Uccide molte persone, laggiù».

Forse, aggiungiamo noi, non solo laggiù.

Nell'ottobre del 2004 in un'intervista al «Guardian», la Politkovskaja parla di sé:

«Nell'arco della mia esistenza voglio riuscire a vivere una vita da essere umano, in cui ogni individuo sia rispettato».

Così sarà fino al 7 ottobre 2006, quando verrà uccisa con cinque colpi di pistola, nel giorno del compleanno di Putin. I sostenitori del presidente dicono che questa data non può che allontanare da lui ogni sospetto. Come sostiene il politologo Sergej Markov:

«L'uccisione nel giorno del suo compleanno lo scagiona. Chi sarebbe stato così stupido? Non avrebbe potuto esserci regalo più avvelenato. Chi l'ha fatto è certo che odia il nostro presidente»[23].

Ciò che è certo è che chi l'ha assassinata non ha scelto una data a caso. In Russia, fin dai tempi dello zar, il giorno del compleanno di chi sta al Cremlino è una data importante. Anche dopo che la bandiera rossa è stata ammainata sul Cremlino e che l'Unione Sovietica ha cessato di esistere, nell'indipendente Moldova, un viaggio di Putin nel giorno del suo compleanno spinge il presidente Voronin a chiedersi - pubblicamente - cosa regalare al novello zar di San Pietroburgo. Dopo attenta analisi, la scelta cade su un coccodrillo (di vetro) perché è un animale che non indietreggia mai.

2.
UNA SINCERA DEMOCRATICA

Anna Politkovskaja voleva che nel suo paese vigesse una democrazia parlamentare. Sottolineo un elemento che in Occidente sembra - dopo anni di democrazia - scontato. Non è così in Russia. La cosiddetta «democrazia popolare» era un fantoccio di democrazia e il parlamento a Mosca è da sempre al servizio del Cremlino. Ironizza lo scrittore Michael Idov:

> «Il grande successo di Putin consiste nell'aver creato, in appena otto anni, quella che il maggior ideologo del Cremlino, Vladislav Surkov, ha definito *suverennaya democratica* (democrazia sovrana) e che negli ambienti liberali è stata ribattezzata *suvenirnaja democratica* (democrazia souvenir)»[1].

Non tutti però sembrano accorgersene.

All'inizio del 2008, Milano ha ospitato Evgeni Evtušenko. Il grande poeta russo, dopo aver intrattenuto il pubblico, si è irritato di fronte alla domanda di una lettrice che gli chiedeva di parlare della *Russia di Putin* (segno evidente di come possono aver ucciso la Politkovskaja, ma le sue idee non sono riuscite a fermarle):

> «Non c'è alcuna Russia di Putin! Oggi si sta meglio di prima, non abbiamo più un partito unico», ha detto.

Evtušenko ha ragione. Non c'è più un solo partito alla Duma. Ce ne sono molti, ma sono quasi tutti al servizio di Putin. Tolti i liberali (estromessi dal parlamento e boicottati dal regime che ha imprigionato Chodorkovskij[2], colpevole di finanziarli) gli unici a opporsi rimangono i comunisti. Illuminanti sono state le elezioni politiche del 2007: Putin ha fatto modificare la legge elettorale, eliminato i collegi uninominali, impedito l'ingresso nella competizione elettorale di nuove formazioni, innalzato la soglia d'accesso al 7%. I risultati di queste votazioni definite dall'Osce «non libere e senza gli elementi tipici delle elezioni democratiche» sono stati: Russia Unita[3] (il partito di Putin) 64,30% e 315 seggi alla Duma; il Partito comunista della Federazione Russa 11,57% e 57 seggi; il Partito liberal-democratico (del nazionalista Zhirinovsky) 8,14% e 40 seggi e Bella Russia 7,74 e 38 seggi. Tutte le altre formazioni: zero seggi.

Su 450 deputati, Putin (che di Russia Unita è stato eletto segretario, come ai bei tempi del Pcus[4]) ne controlla più di due terzi. Molte delle votazioni ora avvengono all'unanimità[5].

Non è sempre stato questo il clima politico nella nuova Russia, riemersa dalle ceneri sovietiche. Nel 1996 Boris El'cyn[6] per battere il comunista Gennadij Zjuganov[7] ha dovuto affrontare il ballottaggio. Lo stesso Putin, che era già presidente *ad interim*, nel 2000 ha raccolto solo il 52% dei voti. A un certo punto però tutto è cambiato e le lancette dell'orologio di Mosca hanno cominciato a correre indietro, come ricordava, prima di essere uccisa, la Politkovskaja:

> «Al momento (siamo nel 2004, *NdA*), non vedo come si possa tornare sulla strada della democrazia. Con questo non intendo dire che la democrazia ci sia mai stata. Ne avevamo, però, imboccato la strada, e avremmo potuto percorrerla in presenza di mass media indipendenti. Avevamo bisogno di un sistema elettorale normale, non che ce lo togliessero del tutto. Le elezioni sono da tempo una truffa. E le elezioni sono un istituto fondamentale di qualunque democrazia. In Russia le tre branche del potere - legislativo, esecutivo, giudiziario - sono state addomesticate a uso del presidente. Non siamo più uno stato democratico, e arriverei a dire che non siamo più nemmeno una repubblica».

Lo conferma anche la giornalista Anna Zafesova:

> «La Federazione Russa è una repubblica nel nome, ma una monarchia di fatto, dove il sorriso o il cipiglio del sovrano decidono la sorte»[8].

Spiace dunque contraddire Evtušenko, ma quella odierna è proprio la *Russia di Putin*. Grazie ai brogli e grazie al controllo militare della tv, ma soprattutto perché rappresenta quel che oggi vogliono i russi. E dove c'è una dittatura della maggioranza, non c'è democrazia. Perché, per citare un personaggio un po' passato di moda come Rosa Luxemburg[9],

> «la libertà è solo ed esclusivamente libertà per chi la pensa in modo diverso».

Ricordare dunque che la Politkovskaja (dopo sessant'anni di Urss e dieci di regime putiniano) era a favore della democrazia parlamentare non deve suonare retorico: lei aveva comunque capito, con largo anticipo (e con rammarico), che «il parlamentarismo russo è morto».

La sua è rimasta però una denuncia isolata nell'odierna Russia:

> «Le televisioni ufficiali ci martellano con dichiarazioni del tipo: "Il terrorismo è una malattia congenita alle democrazie liberali"... Tradotto: volete la democrazia? Tenetevi gli attentati. Ma che al timone c'è Putin già da quattro anni non lo dicono... La società si sta evolvendo verso il fascismo».

In tutto ciò la responsabilità dell'ex presidente russo è davvero molta. L'ex spia del Kgb ha una mentalità incompatibile con la democrazia liberale, spiega Anna:

> «Com'è noto, Putin non partecipa ai dibattiti. La gente sa già quel che deve sapere, dice. È chiaro però che la ragione è un'altra. I dialoghi non gli piacciono, tanto più quando l'argomento gli risulta indigesto (lo provano i viaggi all'estero, dove i suoi uomini non sono in grado di tappare tutte le bocche, i giornalisti gli fanno domande scomode e lui, spesso, straparla). Putin è uomo di monologhi in risposta a domande preconfezionate. È questa la strategia di una campagna elettorale che non si può definire tale».

Queste affermazioni della Politkovskaja trovano conferma nelle parole di Ksenja Ponomareva, ex collaboratrice del *piccolo zar*:

«Putin non è nemico della libertà di parola: trova semplicemente assurda l'idea che qualcuno abbia il coraggio di criticarlo pubblicamente».

Nell'estate del 2008, il presidente della Repubblica Italiana, Giorgio Napolitano, in visita ufficiale a Mosca ha definito Dmitrij Medvedev[10] «uomo nuovo» della Russia. A leggere *Putingrad* di Leonardo Coen[11], sembra che invece i sistemi di propaganda del nuovo presidente siano rimasti gli stessi del vecchio:

«Non esiste il contraddittorio. Lo si rifiuta platealmente. In campagna elettorale, il candidato Medvedev ha detto: "Non voglio partecipare ai dibattiti in Tv. Non ho tempo, né voglia"».

Chi sia Medvedev lo spiega bene anche Vladimir Milov su «Gazeta.Ru», subito dopo l'elezione a presidente:

«La leggenda che sia un liberale filoccidentale si rileverà una fantasia. È il tipico rappresentante della nuova burocrazia russa, abituato ad approfittare dei frutti della civiltà occidentale, ma estraneo ai suoi valori»[12].

In una conferenza stampa organizzata a Mosca per parlare del secondo anniversario dell'omicidio della Politkovskaja, Jean-François Julliard, segretario generale di Reporters sans frontiéres, ha spiegato come le cose non siano per nulla migliorate col nuovo presidente:

«L'ascesa al potere di Dmitrij Medvedev non ha comportato alcun miglioramento per quanto riguarda la condizione della libertà di espressione in Russia. I media audiovisivi sono sempre controllati dal Cremlino e le violenze ai danni dei giornalisti non sono affatto diminuite».

Anzi, proprio nel secondo anniversario dell'assassinio della Politkovskaja, Amnesty International (che nel 2001 ha insignito la giornalista del premio Global Award) dirama un comunicato nel quale rileva che, in Russia, le categorie più a rischio sono quelle dei cronisti e di chi si batte per i diritti umani:

> «Sono i difensori dei diritti umani e i giornalisti a portare all'attenzione dell'opinione pubblica il mancato rispetto da parte del governo russo, degli impegni nazionali e internazionali in materia di giustizia e protezione dei diritti umani. Sono sempre loro di conseguenza a essere troppo spesso bersaglio di intimidazioni da parte delle autorità e a subire violazioni dei diritti umani. Anna era una di quelle persone coraggiose che non si stancano mai di schierarsi dalla parte di chi subisce violazioni dei diritti umani e con ogni probabilità è stata assassinata per questo motivo»[13].

Un omicidio del quale nemmeno il nuovo inquilino del Cremlino (così aperto e riformatore) sembra interessato.

D'altronde Anna avrebbe certamente sorriso vedendo le foto ufficiali del «nuovo» presidente Medvedev scattate nel caldo agosto 2008: lo ritraggono, sorridente e tronfio, al Cremlino mentre premia i generali russi impegnati nell'invasione in Georgia. Scatti che sembrano dimostrare che il delfino sta proprio seguendo la scia del coccodrillo. Con buona pace del nostro presidente, l'«uomo nuovo» (termine che, peraltro, richiama un triste passato leninista) tanto nuovo non sembra.

Anna, prima di essere uccisa, aveva peraltro fatto in tempo a irridere Medvedev:

> «Durante la celebrazione del rito pasquale nella Chiesa del Redentore (l'antica cattedrale di Mosca) al fianco del presidente, come in una parata militare, si segnavano in modo goffo e clownesco il primo ministro Fradkov e la nuova eminenza grigia del Cremlino Dmitrij Medvedev, l'ometto basso con la testa grossa a capo dell'ufficio del presidente. Medvedev si faceva il segno della croce portando la mano alla testa e ai genitali. Una scena ridicola».

3.
IL SUO GIORNALISMO

«Impedire a una persona che fa il suo lavoro con passione di raccontare il mondo che la circonda, è un'impresa impossibile. La mia vita è difficile, certo, ma soprattutto umiliante. A quarantasette anni non ho più l'età per scontrarmi con l'ostilità e avere il marchio della reietta stampato sulla fronte... Naturalmente gli articoli che mi presentano come la pazza di Mosca non mi fanno piacere. Vivere così è orribile. Vorrei un po' di comprensione. Ma la cosa più importante è continuare a fare il mio lavoro, raccontare quello che vedo».[1]

Comprensione Anna non ne ha avuta. Neanche da morta. Parlando di lei, a tre giorni dall'omicidio, Vladimir Putin, a Dresda, incalzato dai giornalisti, col tatto che deve avere appreso al Kgb di Leningrado, non le rende giustizia:

«Questa giornalista aveva un atteggiamento critico nei confronti delle autorità russe. Ma è giusto che voi sappiate che la sua influenza sulla vita politica del paese era trascurabile, nonostante fosse ben nota tra i giornalisti, le Ong e in Occidente. È vero, la Politkovskaja criticava il potere costituito, ma il suo assassinio ha arrecato un danno ben maggiore al potere stesso di quanto non ne arrecassero i suoi articoli»[2].

I suoi articoli, in effetti, erano pubblicati solo su un piccolo giornale. E i suoi libri erano stampati solo all'estero. D'altronde, come ricorda il collega russo Vladimir Jurov,

«fare il giornalista in Russia equivale a suicidarsi, almeno se hai intenzione di dire la verità»[3].

Malgrado questi rischi e la cappa della censura (e dell'autocensura che si impone, per sopravvivere, la maggior parte degli altri giornalisti), l'impatto che Anna ha avuto su determinati settori del paese è stato invece fortissimo, e smentisce queste tristi affermazioni di Putin, rese ancora prima dei funerali. Difficile credere che in Russia (Federazione della quale fanno parte ottantanove realtà regionali e non solo Mosca e San Pietroburgo) nessuno conoscesse Anna Politkovskaja. Ecco, solo per fare un esempio, cosa accadeva ad Anna in Inguscezia, Federazione Russa. È lei stessa a raccontarlo:

> «Bussano alla porta. Sono in un albergo di Nazran'. Apro e mi trovo di fronte una fila di anziani. Sono le madri e i padri di chi è stato rapito e ucciso negli ultimi mesi. L'unico paragone possibile è con la Cecenia. Solo in Cecenia un giornalista ha la coda fuori dalla porta come i negozi in epoca sovietica. Sono tutti parenti delle vittime di eccidi fuori da ogni legge, di ciò che la procura definisce ufficialmente "uso mirato della forza nella lotta al terrorismo". Sono i parenti dei "dispersi", dei rapiti o ammazzati da "ignoti". Di cui non si riesce a trovar traccia da nessuna parte, commissariati o carceri che siano».

Aveva la fila fuori dalla porta Anna, altro che sconosciuta! E aveva un modo di fare informazione incompatibile con la visione di un ex tenente colonnello del Kgb. La Politkovskaja seguiva le regole classiche della professione, insegnate da Alberto Cavallari[4]:

> «I giornalisti devono avere come obiettivo la non-menzogna, una specie di verità possibile e onesta, costruita attraverso l'osservazione diretta e il confronto tra molte verità e diverse fonti».

Parole che Anna traduce così:

> «Il giornalista deve produrre reportage, servizi, interviste. E le lacrime che versa nell'una o nell'altra occasione non interessano, in fondo, a nessuno. Descrivi quello che vedi, metti insieme i fatti e analizzali. Punto e basta».

Il suo obiettivo, afferma sempre Vivia Benini su «eSamizdat», è uno solo:

«La ricerca della verità, nel bene e nel male, nel caso della Russia, spesso nel peggio. Per questo, un altro dei procedimenti consueti nella scrittura della Politkovskaja, è la domanda diretta, posta sempre a se stessa e ai suoi lettori, in quanto cittadini di un paese, ai protagonisti dei suoi pezzi, al potere costituito. Politkovskaja incalza la realtà con le sue domande, stana il pregiudizio, l'opportunismo politico, l'indifferenza, la burocrazia che tutto paralizza, l'opinione scontata»[5].

Il suo modo di fare giornalismo le consente di vincere numerosi premi[6] ma la mette in contrasto con la maggioranza dei colleghi:

«Niente potrà togliermi il senso di colpa che ho nei confronti di coloro che hanno sacrificato la vita per il mio lavoro, per la mia resistenza al tipo di giornalismo che si sta instaurando in Russia grazie alla guerra "alla Putin". Parlo di un giornalismo ideologico senza accesso all'informazione, senza incontri né conversazioni con le fonti, senza verifiche dei fatti. Come ad esempio quello dei miei colleghi che, seduti dietro tre barriere di filo spinato, nelle basi militari russe, riferiscono a Mosca del "miglioramento quotidiano" dei villaggi ceceni. Quel tipo di lavoro, che io credevo morto insieme al comunismo, da noi è ormai considerato la norma, e inoltre è riconosciuto e lodato dalle autorità. Quanto all'altro tipo di giornalismo, quello che comporta uno sguardo diretto su ciò che succede, non solo viene perseguitato, ma si rischia addirittura la vita. Un salto indietro di dieci anni, dopo la caduta dell'Urss!».

Per mantenere fede al suo ruolo di giornalista indipendente, la Politkovskaja va in Cecenia e nel Caucaso quasi come una clandestina:

«Mi sono calata nei panni di un partigiano: arrivando nei villaggi al calar della notte, scivolavo come in una tana nella casa in cui mi aspettavano, parlavo con i suoi abitanti, dormivo e ripartivo all'alba cercando di passare inosservata».

A un gruppo di ufficiali russi di stanza in Cecenia che sostengono che il suo comportamento «è quello di un nemico», Anna Politkovskaja spiega quale sia il complicato ruolo del giornalismo:

«I giornalisti non "sfidano" l'ordine costituito. Descrivono soltanto ciò di cui sono testimoni. È il loro dovere, così come è dovere del medico curare un ammalato e dovere dell'ufficiale difendere la patria. È molto semplice: la deontologia professionale ci vieta di abbellire la realtà».

Non tutti in Russia sembrano capirlo. Nemmeno molti intellettuali, come due matematici che una nota inviata norvegese, Asne Seierstad, trova casualmente su un treno diretto a Mosca:

> «A mio avviso - dice il più giovane dei due - i giornalisti non dovrebbero porre l'accento sulle cose negative. Dovreste invece scrivere su quelle positive. Su quello che va bene.
> *Come ai tempi dell'Unione Sovietica?*
> E cosa ci sarebbe di sbagliato? Allora eravamo rispettati. Nessuno veniva a spiegarci come dovevamo governare il paese, come doveva essere la nostra società. Allora eravamo una superpotenza, eravamo forti, avevano paura di noi! Adesso voi occidentali credete di poterci dire ciò che vi pare, fare qui quello che volete. Chi vi ha dato questo diritto?»[7].

Anna era una giornalista russa, eppure criticava il regime. Anzi lei stessa ironizzava sull'idea imperiale dei russi:

> «Non voglio vivere in una superpotenza. Voglio vivere tra persone che si rispettano e che non sono avide, perché hanno un lavoro e non devono affannarsi a dimostrare a tutti che sono importanti, perché hanno una loro dignità».

Un sogno di normalità che hanno voluto spezzare il 7 ottobre 2006.

Essendo morta non ha potuto commentare altre vicende imbarazzanti accadute nella nuova Russia, guidata ora dal tandem Putin-Medvedev. Avrebbe sicuramente descritto con ironia la decisione degli autori della trasmissione televisiva *Il popolo vuole sapere* (nome vagamente sovietico) di intervenire sulla registrazione di una puntata del maggio 2008: il politologo Michail Deljagin colpevole di aver posto alcune domande invise al regime, viene eliminato in post produzione, in modo che non appaia in onda. La seggiola, in video, rimane vuota ma le solerti forbici della censura dimenticano di «cancellare» le gambe che continuano a muoversi (senza più il corpo) durante tutta la trasmissione.

Il popolo vuole sapere è la rubrica di approfondimento del canale Tvz, di proprietà al 99,2% del Comune di Mosca, quindi è una televisione pubblica, a tutti gli effetti. D'altronde è noto come il controllo putiniano sulla televisione sia totale. Lo dimostra un altro esempio che riguarda Andrej Illarionov, ex consigliere economico di Putin. Da quando ha deciso di lasciare lo staff putiniano e passare all'opposizione si è smaterializzato, è scomparso dal piccolo schermo: erano 113 le apparizioni televisive nel 2005 quando ancora lavorava per Putin. Sono scese a 11 nel 2007 e si sono azzerate nel 2008 (e presumiamo che sia una parabola negativa destinata a non cambiare in tempi rapidi).

Anna Politkovskaja - se non fosse stata assassinata nell'ottobre 2006 - avrebbe sicuramente commentato anche la vicenda del presunto flirt tra Putin e una giovane e aitante sportiva, la campionessa olimpica Alina Kabaeva (ora eletta deputata per *Edinaja Rossija*, Russia Unita). Più che per la notizia in sé - scoperta dal piccolo tabloid russo «Moskovskij Korrespondent» - per la gestione mediatica di tutta la vicenda.

L'editore (Aleksandr Lebedev, ex Kgb, ma anche uno dei soci della «Novaya Gazeta») ha allontanato il direttore, colpevole dello scoop e il parlamento russo (solo la Duma, in realtà) ha anche pensato di approfittare della situazione per ridurre la libertà di stampa.

Delle traversie sentimentali dell'ex presidente (russo) si è parlato in una conferenza stampa di Putin in Sardegna, a villa Berlusconi. I problemi vengono gestiti lontano da casa, in modo che a Mosca nessuno ne sappia nulla, rivela Fabrizio Dragosei, sul «Corriere della sera»:

> «La vicenda è sintomatica del clima che si respira in questa fase di transizione. Anche storie come queste danno fastidio e non devono avere alcuna copertura dai media. Tra l'altro, la stragrande maggioranza dei russi non ha ancora sentito nemmeno parlare dell'intera vicenda. Le tv l'hanno taciuta completamente. Come hanno

sorvolato sulla domanda di Natalja[8], sulla risposta di Putin e sulla mitraglietta di Berlusconi»[9].

Chissà cosa avrebbe scritto Anna di quel gesto del premier italiano? E chissà come avrebbe descritto il volo di Putin da Pechino (dove rappresentava la Russia alla cerimonia d'apertura dell'Olimpiade) al Caucaso, dove indossati i panni da comandante in capo, dava la carica alle truppe impegnate nella guerra contro la Georgia. Una scena che ha riportato alla mente il Putin prima maniera, l'impavido prestato alla politica che passa il capodanno 2000 con i soldati impegnati a radere al suolo la Cecenia.

4.
DONNE

Il giornalismo femminile osserva la guerra con occhi diversi da quelli maschili. Sarà che il mondo, ancora largamente maschilista, vede troppe poche donne ai posti di comando, ma la risoluzione delle controversie attraverso l'uso delle armi sembra un modo di affrontare i contrasti prettamente maschile.

Da questo elemento bisogna partire per osservare l'approccio, quasi incredulo, con cui le donne assistono ai conflitti bellici.

Anna Politkovskaja descrive lo stupore nelle prime righe di *Cecenia*:

> «A volte passeggio tra le rovine della capitale cecena. Parlo con i suoi abitanti, li guardo negli occhi, ripenso alle loro storie e mi rendo conto che la mia mente rifiuta di credergli, contesta, respinge i loro racconti. Semplicemente per proteggersi. Ci credo e non ci credo, vorrei non farmi contaminare. Sono realmente qui, ma allo stesso tempo è come se stessi in un film...».

Anche in *Un piccolo angolo d'inferno* si ritrova uno stato d'animo simile:

> «Ho sentito decine di storie terribili e visto i volti distrutti di chi era stato torturato da soldati ben addestrati alla sottile arte della violenza. La mia penna quasi si rifiuta di muoversi, al pensiero di tante atrocità».

Questo prendere le distanze, questo affrontare il prossimo in modo disincantato anche in situazioni difficili, lo si ritrova nel libro della collega della «Stampa» Francesca Sforza, *Mosca-Groznyj, neanche un bianco su questo treno*[1]. Francesca descrive così il colloquio con dei giovani ceceni incontrati casualmente sul vagone che la sta portando in Cecenia:

> «*Avete amici a Mosca?*
> "Solo amiche femmine" - ridono, sghignazzano, si danno di gomito - "perché dei russi non ti puoi mai fidare, tu fai degli affari con loro e loro poi ti fregano, sono dei gran figli di puttana. (...) Quanti figli hai?".
> Nessuno - rispondo - ma ho due mariti. Lo dico apposta per vedere che faccia fanno, loro così lontani dai vortici del *coming out*. Si rabbuiano».

È la stessa provocazione che utilizza con una giovane cecena, Fatima, ottenendo una reazione diversa, tutta femminile:

> «Persino Fatima, una ragazza impegnata nel campo dei diritti umani, e per questo abituata a muoversi con una certa disinvoltura per le strade di Groznyj, dice che non trova nulla di male nella poligamia. "In Occidente gli uomini hanno le amanti, perché qui non potrebbero avere più mogli?". All'osservazione che a dire il vero in Occidente anche le donne hanno gli amanti, Fatima inorridisce. E il suo sguardo di risposta fa persino simpatia, quasi a dire: "Per carità, chi potrebbe sopportare di avere più di un uomo"?».

Tornando alla Politkovskaja e al suo modo femminile di affrontare la complicata realtà di quelle terre, si osservi anche la capacità che ha di indignarsi per la sorte delle giovani cecene stuprate. Sono vittime due volte, dei russi e delle tradizioni medioevali caucasiche:

> «Durante questa guerra ho imparato fin troppo bene cosa significano per le donne cecene quei secchi: "Non c'è" e "No". E quel silenzio ostinato, pesante. Se una russa, un'ucraina o un'armena è in grado di sopravvivere a una violenza carnale, di imparare nuovamente a vivere e persino a sorridere dopo un trauma tanto doloroso e pesante, per una cecena la violenza significa quasi sicuramente la morte. A maggior ragione se ci sono testimoni o se gli uomini della famiglia hanno saputo dell'accaduto. Poco importa che la donna non abbia colpa, quello che conta è che sia stata violentata. Così

vuole la tradizione, salvo rare eccezioni, ma non se ne parla, ed è proprio questo silenzio che rende possibili gli stupri».

Il silenzio fa sì le donne di questa martoriata terra siano state (e siano) in balia dei soldati. Le stuprate non possono più tornare a casa, dove sarebbero respinte dai familiari. Sono colpevoli pur senza aver fatto nulla di male. Anzi, sono «colpevoli», proprio per aver subito violenza, come spiega la giornalista russa:

«In Cecenia decidere di violentare o di avere pietà di una donna dipende unicamente dalle qualità personali e dai desideri dell'uomo in divisa. I militari sanno perfettamente che una violenza non avrà conseguenze giuridiche e quindi non rischiano niente. Del resto, la maggior parte dei militari che prestano servizio in Cecenia non crede di avere alcuna responsabilità nei confronti delle donne cecene: ai loro occhi sono "niente", e di conseguenza con loro "tutto è permesso"».

Eppure, spiega Anna, ciò non le ferma:

«Ma queste donne non hanno paura di niente? Se lo chiedono in molti, compreso i soldati che le derubano, le insultano e le violentano. Sì le donne cecene non hanno paura di niente. Perché hanno paura di tutto».

«Non hanno paura di niente perché hanno paura di tutto». È meglio riscriverle, ripeterle certe frasi, perché rimangano in mente. Così come andrebbe ripetuta (e inserita nei libri in cui si insegna giornalismo) anche un'altra constatazione:

«Si sente raramente piangere a Groznyj. Hanno finito le lacrime da un pezzo. Se una donna piange, significa che è tornata da poco da un campo profughi».

Come donna, la stessa Politkovskaja deve sottostare a una violenza psicologica maggiore. Il suo essere «giornalista di frontiera» la espone a pericoli, ma anche ai pestaggi:

«Lo ammetto. Sono stata picchiata all'inizio della guerra. E anche dopo, in occasione di un arresto e in occasione di un tentativo di fare luce sulle circostanze dell'assassinio di un abitante di Groznyj. Sono stata picchiata esclusivamente perché facevo il mio lavoro di giornalista, che consiste nel raccogliere informazioni. E sempre mi veniva contestata la stessa accusa: "Sei dalla loro parte". Ma non riesco a tornare a Mosca e dichiarare pubblicamente di essere stata picchiata. Sarebbe ancora peggio. Verrei biasimata io. La società russa continua a essere patriarcale e conservatrice. Rispetto a leggi fatte per gli uomini, che tutto comandano, la donna è sempre colpevole di tutto. Se ci aggiungiamo l'odio generalizzato per la Cecenia e il rifiuto di capire cosa sta davvero succedendo laggiù...».

Altre donne, le kamikaze che danno l'assalto al teatro Dubrovka di Mosca, spingono la Politkovskaja a un'amara riflessione sul senso della vita in Cecenia:

> «Ora il sogno di vendicarsi da sole per la perdita dei figli, dei mariti e dei fratelli è la massima ambizione di migliaia di madri, mogli e sorelle. E non perché lo esigano l'Islam o gli *adaty* (le norme di vita tradizionali), ma perché non hanno altra scelta. Nella zona delle "operazioni antiterrorismo" la gente è condannata a farsi giustizia da sé, perché malgrado la presenza di tanti soldati armati non esiste nessuna tutela dei più elementari diritti umani».

Anna cerca di capire cosa spinga queste donne al martirio, a questa sorta di giustizia-fai-da-te in salsa cecena:

> «Poiché la maggior parte delle donne cecene è convinta che con la scomparsa del fratello, del figlio, del marito finisca anche la loro vita, è chiaro che a quel punto la forza dei sentimenti esplode come un vulcano. Il vulcano ha cominciato a eruttare. La giustizia personale è diventata l'unica risposta efficace all'arbitrio: la donna ha cominciato a difendersi, attuando un programma di vendetta personale contro quelli che considera assassini. Il sogno delle cecene è diventato quello di morire, pur di non vivere come ora, senza riuscire a difendere i figli, i fratelli, i mariti»[2].

Sulle donne kamikaze, novità assoluta del terrorismo ceceno (con modalità che sono state poi esportare in Iraq), aggiunge:

> «È un vero e proprio fenomeno: in Cecenia la donna non aveva mai avuto alcuna possibilità di aspirare alla santità per azioni che non rientrassero nell'ambito delle virtù femminili tradizionali, come l'essere madre, padrona di casa, moglie, protettrice di deboli,

malati, orfani, invalidi. Così i mesi successivi al *Nord-Ost*[3] hanno dimostrato che l'atto di queste donne suicide, il loro comportamento, ha cancellato qualcosa di secolare, radicato nella tradizione, che sembrava assolutamente incrollabile».

Innovazioni un po' tristi che potevano sicuramente essere conquistate, senza guerre e tragedie, in modi meno cruenti.

Attraversando l'oceano, si può comunque notare che anche negli Stati Uniti le donne hanno un modo differente dagli uomini di rapportarsi alla politica. A George Bush[4] che dopo il primo incontro con Putin aveva detto di averlo guardato negli occhi e di avervi trovato «un'anima», l'allora candidata alle primarie democratiche Hillary Clinton ha causticamente risposto:

«Leggendo negli occhi di Putin vi avrebbe dovuto trovare tre lettere: K.G.B. Putin non ha un'anima»[5].

Dopo la guerra in Georgia, Bush sembra essersi pentito della fiducia riposta in Putin. Se n'è accorto però con otto anni di ritardo. Speriamo che il presidente Obama (che ha scelto proprio la Clinton come Segretario di Stato statunitense) sia più accorto.

5. KGB O I PIDOCCHI SOVIETICI

«A capo di tutto oggi c'è l'ex Kgb. Gli uomini di Putin. Che godono del suo sostegno. Che esaudiscono ogni suo desiderio».

Così, amaramente, Anna Politkovskaja descrive la nuova Russia. Essendo stata uccisa non ha potuto osservare la trasmigrazione dei *siloviki* (ex spie sovietiche) dal Cremlino alla Casa Bianca, *Bely Dom*, la nuova residenza, dove Putin fa - in teoria - il primo ministro, in realtà il presidente ombra. Chissà come avrebbe commentato la prima foto ufficiale con Medvedev presidente e Putin primo ministro, con quest'ultimo seduto però alla sinistra del tavolo, nel posto che ricopriva prima di cedere lo scettro. La forma, in questi casi, è sostanza.

Nelle analisi della Politkovskaja, l'invasione di ex spie sovietiche è paragonata a una malattia:

«Sono ormai più di 6 mila gli ex uomini del Kgb/Fsb[1] con incarichi di potere ai piani alti dello Stato, ivi compresi i posti chiave dei ministeri. Come il cancro, la storia tende a essere recidivante. E la cura è una sola: una chemioterapia tempestiva contro le cellule portatrici di morte. Così non è stato, e nel passaggio dall'Urss alla nuova Russia ci siamo trascinati dietro tutti i nostri pidocchi sovietici: il Kgb continua a essere ovunque».

Anna si scontrava con i colleghi, ma anche con i suoi stessi amici e colleghi dai quali non era creduta:

«Mi trovo nel cortile dell'industria alimentare di Šali, dove sono registrati circa 60 mila rifugiati, Aišat Junaidova, capo dell'ufficio immigrazione, mi dice: "Richiami all'attenzione di Mosca il fatto che questi aiuti governativi non sono affatto sufficienti; molti dei nostri rifugiati sono comunque condannati a soffrire la fame". Ovviamente gli prometto che riferirò, ma lo faccio senza enfasi alcuna. In effetti, non prometto nemmeno: mi limito ad annuire e a borbottare qualcosa, perché sarebbe difficile spiegargli che, primo, al Cremlino non importa niente a nessuno di quel che riferisco io e, secondo, l'atteggiamento di Mosca in merito alla guerra nel Caucaso è molto complesso: se nessuno sa niente è perché non vuole saperlo. Terzo, anche i miei più intimi amici non credono alle storie che racconto quando torno dalla Cecenia, e così ormai ho smesso di spiegare qualunque cosa. Quando mi invitano da qualche parte, mi limito a restare in silenzio. Infine: nemmeno il giornale per cui scrivo, che pure si oppone alla linea del partito di Governo, è poi così impaziente di mandare in stampa i miei servizi sulla Cecenia. E se lo fa, a volte taglia le parti più dure, per non scioccare il pubblico. In redazione spesso e volentieri scoppiano liti furiose sull'argomento e per me diventa sempre più difficile far pubblicare l'intera verità».

Le analisi della Politkovskaja sull'involuzione russa non erano effettivamente condivise da tutti. Lo ricorda lei stessa:

«Torniamo con la memoria al 2000, a prima che Putin fosse eletto. "Il diavolo non è così brutto come lo si dipinge", dicevano in molti. "Che cosa volete che sia se viene dal Kgb sovietico? Si sgrezzerà, vedrete…". È stata una valanga. Dietro di lui è venuta la sua squadra: prima qualche decina di uomini, i fedelissimi, quelli con cui aveva lavorato personalmente e di cui si fidava. Poi sono diventati qualche centinaio con gli amici degli amici, quello di cui loro - e non Putin - si fidavano, e con i quali loro avevano lavorato. Ora sono migliaia e sono ovunque, a ogni livello, in tutti gli interstizi del potere. Siamo, dunque, circondati da gente di cui Putin e i suoi si fidano. Da un lato è normale. Dall'altro si è scoperto che questa gente si fida (e si fidava) solo dei propri "simili", e che i loro "simili" hanno tutti un passato nel Kgb. Quindi le strutture di potere e di semipotere della "nuova Russia" sono state inondate da cittadini con determinate tradizioni alle spalle, con una mentalità educata alla repressione, con un certo modo di risolvere le questioni di Stato…».

Si potrebbe dire che nei palazzi del potere si è stabilita una sorta di mafia, la mafia del Kgb. Sennonché il presidente

Putin in persona ci ha tenuto a ricordare che «mafia» è una parola italiana e non russa. Lo ha fatto al Consiglio europeo di Lathi, Finlandia, qualche settimana dopo la morte di Anna, tra l'imbarazzo dei diplomatici dei due paesi. La «mafia russa» dunque non esiste. Parola di zar Putin.

6.
NON ABITUARSI ALLA GUERRA

Anna Politkovskaja nei suoi scritti sostiene se non le pratiche, almeno le teorie nonviolente:

> «La violenza genera violenza, e la giustizia sommaria sostenuta dallo Stato provoca altra giustizia sommaria, ma individuale».

Anche per questo apprezza i movimenti arancioni che, pacificamente, hanno fatto crollare i regimi post sovietici in Ucraina e Georgia: «Quando la gente vuole qualcosa, niente può fermarla», annota nel suo diario mentre a Tbilisi trionfa Saakašvili[1]. Qualche mese dopo però, capisce che difficilmente la bandiera arancione sventolerà sul Cremlino:

> «Alla domanda "Se nella sua regione ci fosse una dimostrazione di massa in difesa dei suoi diritti, lei vi parteciperebbe?", solo il 25% ha risposto affermativamente. Il 66% ha detto no. Con certe risposte non si prevedono rivoluzioni».

D'altronde, ricorda la giornalista russa,

> «le nostre rivoluzioni finiscono sempre male, non sono mai rivoluzioni di velluto o di rose. A noi toccano sempre le spine».

Anna ha un'attitudine antimilitarista, ben diversa dal pacifismo di certa sinistra europea, che, infatti, si è guardata bene dal battersi contro l'azione militare russa in Cecenia. Anna odia non i soldati, ma la guerra che «mette alla prova le persone senza chiedere loro il permesso: affina l'udito degli uni, rende sordi gli altri».

È la stessa linea sulla quale camminava il compianto Tiziano Terzani:

«La guerra è una cosa triste, ma ancora più triste il fatto che ci si fa l'abitudine»[2].

Anna è preoccupata perché la società civile russa sembra aver perso il controllo nei confronti dell'esercito. E difende, o meglio fa parlare, mette in primo piano - anche in questo caso - gli ultimi della fila: soldatini che diventano veri e propri schiavi dei loro superiori e che a volte si ribellano al nonnismo imperante (si chiama *dedovšina* e si concretizza in lavori forzati, privazioni del sonno, abusi e violenze). Elogia quelli che abbandonano le caserme - quantomeno quelle gestite da pazzi con le stellette - per andare dalle associazioni di madri di soldati (realtà vivacissima, con migliaia d'iscritte, capaci di ottenere giustizia nei casi più clamorosi[3]). Si vergogna per lo sfacelo delle Forze armate capaci addirittura di dimenticare sul campo di battaglia i propri uomini perché «nell'esercito l'essere umano non conta». E, in effetti, i dati su quel che accade nelle caserme russe sono sconfortanti: nel solo 2007 ci sono stati 224 casi di suicidio a seguito di maltrattamenti e sevizie.

Scrive Anna intingendo la penna nel veleno:

«Ogni settimana Ivanov (ministro della difesa russo, ex Kgb come Putin, *NdA*) compare in televisione e trasmette i bollettini di guerra del presidente con un tono che ricorda quello di Goebbels nei cinegiornali della seconda guerra mondiale. Ivanov afferma che nessuno "ci metterà in ginocchio davanti ai terroristi" e che la guerra in Cecenia andrà avanti fino alla "vittoria finale". Mai una parola, però, sulle sorti di coloro - soldati e ufficiali - che garantiscono a lui e al presidente la possibilità di non "inginocchiarsi davanti ai terroristi"».

Una linea prettamente neosovietica: non uomini ma ingranaggi.

Le vicende concernenti i problemi dei soldati riempiono bellissime pagine della *Russia di Putin* e spingono la giornalista a risalire la catena di comando:

> «Va da sé che tutto è cominciato prima di Putin, ma il presidente ha enormi responsabilità, in primo luogo per aver tollerato la più completa anarchia degli ufficiali, e in secondo per avere - di fatto concesso loro lo status d'intoccabili: quale che sia il crimine commesso, gli alti gradi dell'esercito restano impuniti».

È però sul conflitto ceceno che la giornalista esprime al massimo il suo ripudio verso la guerra come risoluzione delle controversie. Ed è questo l'abisso nel quale entra e dal quale non uscirà più. Uno dei migliori (e più coraggiosi) scrittori italiani, Roberto Saviano[4], descrive così la capacità di Anna di «raccontare la realtà», una capacità che le è costata la vita:

> «Il fatto è che quando leggi una pagina di *Cecenia* di Anna Politkovskaja, in quel momento la Cecenia non è un paese perduto, sperduto, lontano, con persone che neanche riesci a immaginare come vanno vestite e come pensano, ma diventa la tua terra. Quelle persone ti diventano vicine praticamente come quelle con cui sei cresciuto e la Cecenia non è più un problema di qualcun altro: è il tuo problema. E questo tipo di scrittura, questo tipo di sguardo, questo dare una cittadinanza universale a problemi che non sembrano averla, è il pericolo più enorme che può generare la parola. Non per niente spesso chi arriva a fare queste cose non può più essere fermato se non con la morte»[5].

7.
GUERRA IN CECENIA

Per Anna Politkovskaja l'attacco dell'esercito russo alla Cecenia (staterellino che si è proclamato indipendente approfittando del caos seguito alla fine dell'Urss) è stato lo strumento con cui i nuovi padroni del Cremlino hanno testato fino a che punto potevano arrivare con la loro repressione, un po' sovietica e un po' zarista. È stata la cartina di tornasole sia per la comunità internazionale, muta di fronte alla palese violazione dei diritti umani, sia per i russi che hanno accettato - *de facto* - la cecenizzazione del paese:

> «Dall'agosto 1999 Putin non si è mai fermato di fronte al sangue dei suoi concittadini. E di fronte ai loro tormenti. E non parlo solo dei ceceni».

Scrive ancora la Politkovskaja:

> «L'operazione speciale "Cecenia" ha infettato l'intero paese, abbruttendolo sempre più e facendolo degenerare. Il valore della vita umana, che in Russia era già molto basso, ora corrisponde quasi a zero. Abbiamo tutti toccato il fondo, come lo sfortunato sottomarino Kursk[1]. Ma non arrivano ordini che cerchino di portarci in salvo».

È una tesi appoggiata anche dal filosofo francese André Glucksmann:

> «Penso che la Cecenia non sia solo una guerra coloniale o una guerra per un po' di petrolio. È prima di tutto una guerra pedagogi-

ca. Cioè il Cremlino, che sia quello degli zar, di Stalin[2], di Berija[3] o di Putin, vuole dare un esempio, ma non ai ceceni, bensì ai russi. Vuole insegnare ai semplici cittadini russi quale sia il costo di disobbedire al Cremlino»[4].

Ma facciamo un passo indietro e vediamo come la Politkovskaja racconta il secondo conflitto ceceno:

«All'uscita di Groznyj poco tempo fa hanno appeso un manifesto: VIVERE IN CECENIA È DA EROI! Senz'altro vero. Tuttavia per conformarsi meglio alla realtà locale, sarebbe giusto cambiare lo slogan in: "Sono sopravvissuto in Cecenia: sono un eroe". E senza punti esclamativi. Per sopravvivere si paga un prezzo troppo alto».

Sono amari i commenti della giornalista, che a volte mischia elementi di cronaca a valutazioni personali. La Politkovskaja, come d'altronde larga parte della letteratura civile est-europea (pensiamo al grandissimo Kapuściński[5]) non segue sempre la regola anglosassone delle opinioni separate dalle notizie. La situazione è troppo preoccupante perché si possano riportare meramente i fatti. In questo contesto di mancanza di libertà di stampa, omettere valutazioni significherebbe avallare guerre, genocidi, abusi, soprusi di chi sta al potere. Anna non le ha mai mandate a dire. Per questo è stata uccisa.

Per la guerra in Cecenia, la Politkovskaja punta innanzitutto il dito contro Vladimir Putin, ma se la prende anche con i silenziosi russi, per i quali,

«basta un battito di ciglia che alluda al suo augusto disappunto perché tutti si mettano in moto».

Critica i suoi connazionali che non sono mai scesi in piazza per protestare contro le azioni militari russe nel Caucaso:

«Ma vogliamo o non vogliamo che finisca? Non c'è stata una sola mobilitazione di massa contro la guerra in Cecenia in tutta la campagna elettorale. La pazienza dei russi è straordinaria, incredibile, direi. E permette che l'orrore che risponde al nome di "Putin" continui. Non c'è altra spiegazione possibile».

E ancora:

«La gente ha dato il proprio consenso. Nessuno si è alzato in piedi. Nessuna dimostrazione, niente proteste di massa o azioni di disobbedienza civile. La gente ha "mandato giù il rospo" e ha accettato di vivere senza democrazia».

Nel prologo di *Un piccolo angolo d'inferno* spiega che racconta i drammi della guerra cecena per mettere tutti di fronte allo specchio della storia:

«Sono certa che il mio compito sia necessario per una semplice ragione: in quanto contemporanei di questa guerra, ne saremo considerati responsabili. La classica scusa sovietica: "Non eravamo lì e non abbiamo preso parte al conflitto personalmente", stavolta non funzionerà. Quindi voglio che conosciate la verità. A quel punto potrete sempre optare per il cinismo e il razzismo in cui si sta impaludando la nostra società, oppure prendere posizione su chi abbia ragione e chi torto nel Caucaso».

Insisto con queste citazioni sulle responsabilità, individuali e collettive, della popolazione perché questa è proprio la chiave di lettura liberale di chi si oppone ai regimi, di qualunque colore siano. Prendere coscienza di ciò che accade, farsi carico (ognuno secondo le proprie possibilità) del bene comune e non voltarsi dall'altra parte rappresentano esattamente i granelli di sabbia in grado di inceppare i regimi: sono, infatti, spesso tigri di carta che stanno in piedi solo perché nessuno, soffiando, li spazza via. Superate (grazie al cielo) le lotte di classe, scomparse le ideologie e i partiti che su di loro hanno vissuto e prosperato, resta il libero arbitrio, le tante ribellioni individuali che si uniscono e fanno crollare questi roboanti ma friabili castelli di sabbia.

Nella mia vita ho avuto la fortuna di assistere alla rivoluzione arancione in Ucraina[6]. Nel milione di persone che ha affollato Kiev per ottenere nuove elezioni democratiche, dopo quelle false dei filorussi, ciò che impressionava era soprattutto il fatto che fosse un movimento popolare: tanti uomini e tante donne che a un certo punto hanno detto basta e l'hanno fanno all'unisono. La rivoluzione è stata programmata nei singoli dettagli, anche grazie a esperti (e fondi) americani. Ma sarebbe fallita se migliaia di persone, in quelle fredde mattine del novembre ucraino del 2003 non avessero deciso (invece di andare a scuola e al lavoro), di scendere in piazza a urlare il loro *Tak*, il loro «sì» alla democrazia. Visto dall'Italia sembra una cosa semplice, scontata, ma nell'Ucraina di Kučma i giornalisti d'opposizione venivano decapitati, e non in senso metaforico[7].

La rivoluzione arancione è stata un secondo muro di Berlino abbattuto. Poi sono iniziate le difficoltà. Purtroppo (per loro, ma anche per noi) l'Unione europea dopo la fase bulimica - che l'ha fatta passare da 15 a 27 paesi in due anni - è diventata anoressica e non vuole altri soci, altri membri del suo esclusivo club. Per questo gli ucraini tornati indipendenti da Mosca, sono stati lasciati in balia degli eventi (e dei russi con i loro ricatti energetici, gestiti dall'«uomo nuovo» Medvedev). Così come i georgiani. Ma questa è un'altra storia.

Torniamo alla seconda guerra cecena e ai suoi aspetti più barbari, più tribali che i russi e i loro nemici ceceni hanno messo in campo. A differenza del primo conflitto, questo secondo non gode di copertura mediatica. Al Cremlino si è infatti certi che, nella prima guerra, sia stata l'eccessiva presenza nei telegiornali di stragi di civili a condizionare negativamente l'opinione pubblica russa. Si sceglie quindi di vietare tutto il territorio ai giornalisti che possono fare reportage soltanto sulle azioni belliche dei soldati russi, solo *embedded*: sono ammessi dunque solo giornalisti inquadrati *de facto* nelle strutture militari. È una strategia introdotta dagli americani nella prima guerra del Golfo e che ormai è utilizzata da tutti i principali eserciti del mondo. Le cattive abitudini fanno presto a dilagare nel mondo globalizzato.

La Politkovskaja ha invece il vantaggio (e il coraggio) di essere testimone diretto di quel che accade. Per questo è in grado di raccontare, ad esempio, la fine che fanno i corpi dei ceceni catturati nelle retate antiterrorismo:

> «Mi hanno spiegato che in Cecenia la situazione è tale per cui ogni causa penale per la restituzione di un cadavere, fino allo smasche-

ramento e alla punizione degli assassini, diminuisce la possibilità delle altre famiglie di riavere il corpo di un loro caro rapito… Avete il corpo, tacete e siate grati».

D'altronde proprio col ricatto ai familiari per ottenere i cadaveri dei loro cari, i militari russi orchestrano un bieco commercio:

«Un uomo morto costa molto di più di uno vivo. I militari l'hanno studiata bene: sanno che non c'è tormento peggiore per un ceceno di non rispettare il rito funebre».

Nella *Russia di Putin*, in un capitolo significativamente intitolato *Stalin sarà sempre con noi*, Anna descrive quel che accade ai ceceni scomparsi, il cui numero si aggirerebbe sui quattromila dal 1994 a oggi:

«I vuoti temporali sono una peculiarità delle nostre "operazioni antiterrorismo". La prima settimana è la più tremenda. Chi è stato catturato pare non esistere più: non figura trattenuto in nessun comando, i parenti lo cercano ovunque, ma lui non c'è, sparito. Sono i giorni in cui i reparti speciali gli cavano di bocca quel che devono».

E ancora:

«Alla direzione dell'Fsb ceceno vige la regola che chiunque sopravviva agli interrogatori abbia diritto a un processo. Sopravvivono in pochi, ragion per cui pochi sono anche i processi a carico di "terroristi internazionali". Qualcuno, però, bisogna celebrarlo, qualche "terrorista" va processato, perché può sempre capitare che i leader occidentali ne chiedano conto a Putin».

Anna scrive terrorista tra virgolette, non perché non sia certa che la Cecenia pulluli di miliziani pronti a tutto, ma perché è difficile stabilire se quelli che le autorità indicano come terroristi, lo siano realmente. Ottenere confessioni con la tortura o con la minaccia della morte è un ottimo strumento per gonfiare i bollettini di guerra. Strumento altrettanto efficace per trasformare anche pacifici ragazzi in uomini duri, pronti a vendicarsi, in grado di trasformarsi in terroristi senza virgolette.

Se l'Europa ha abbandonato negli ultimi anni Ucraina e Georgia al loro destino (spingendole peraltro tra le braccia - militari - americane della Nato), peggio ha fatto con i ceceni, per i quali in pochi a Bruxelles hanno mosso un dito. Solo radicali transazionali e verdi tedeschi hanno continuato a denunciare quanto accadeva e accade. Il resto è silenzio, con la splendida eccezione di alcuni intellettuali di altissimo spessore come André Glucksmann[8], Timothy Garton Ash[9] e Bernard-Henri Lévy[10] rimasti purtroppo inascoltati.

Annota amaramente Anna:

> «In Cecenia sono stati traditi i mandati europei. Così ha ordinato il Cremlino e l'Europa ha ubbidito docilmente, distruggendo tutti i valori che il nostro continente difendeva dalla fine della seconda guerra mondiale e che si sono sbriciolati scontrandosi con la tragedia chiamata seconda guerra cecena. La conclusione è una soltanto: non credete ai discorsi pronunciati dalle grandi tribune sui diritti dell'uomo e sulla loro priorità assoluta. Siamo davanti a una nuova realtà internazionale in cui non esiste nulla di ciò che costituisce il fondamento delle costituzioni dei Paesi civili, in cui l'Osce e il Consiglio d'Europa[11] tollerano lo spargimento di sangue in una parte della stessa Europa. E se lo tollerano ne sono anche complici. Si sono resi conto di cosa è successo. E dopo essersene resi conto sono strisciati via»[12].

Sul ruolo dell'Europa (anzi sulla sua colpevole disattenzione) è interessante leggere anche cosa ne pensa una cecena, anzi una giovane giornalista cecena come Milana Terloeva, che arriva a sognare improbabili interventi degli aerei della Nato, come a Belgrado nel 1999:

> «Lo dico senza odio e senza disprezzo: la Cecenia non è la Palestina, l'Afghanistan o l'Iraq. È un paese ai margini dell'Europa, e quello che accade da noi non è assimilabile alle grandi problematiche del mondo arabo-musulmano. Il dramma della Cecenia risale anzitutto alle volontà dell'imperialismo russo e ai sussulti del postsovietismo, come per l'Ucraina o la Bielorussia, ma evidentemente con una violazione enormemente più grande. E, volendo paragonarla alla sofferenza dei bosniaci, vittime di postcomunismo dipinto di nazionalismo esacerbato. Sfortunatamente, Putin è più potente di Milošević[13] e la Nato non interverrà per noi»[14].

È quasi la stessa tesi sostenuta dal giornalista elvetico (esperto di Caucaso) Jacques Allaman:

> «Invocato come formula magica durante la guerra in Kosovo, in Cecenia il "diritto d'ingerenza" sembra misteriosamente bandito dal vocabolario. Il fatto è che la Russia è l'erede dell'arsenale nucleare della defunta Unione Sovietica. A questo titolo, resta una grande potenza con la quale gli americani e gli europei hanno tutte le intenzioni di mantenere buoni rapporti. Nel nuovo ordine mondiale voluto da Washington, è meglio essere kosovaro che ceceno»[15].

Anche la Politkovskaja accusa i russi e l'Europa per quel che è accaduto. Ma sa perfettamente che il primo responsabile è Vladimir Vladimirović Putin:

> «Non amo il presidente del mio paese perché ha giocato (e continua a giocare) con giochi ideologici pericolosi per il mio paese. Il primo gioco, probabilmente il più pericoloso, porta il vecchio nome di razzismo. (...) Questo sfruttamento del sentimento razzista, è cominciato con la guerra in Cecenia. A voler essere precisi, la guerra non sarebbe cominciata se l'ancora poco conosciuto tenente colonnello Putin non avesse sentito il bisogno di ampliare la sua quota di popolarità in vista delle elezioni presidenziali».

In effetti, la seconda guerra inizia dopo misteriosi attentati a Mosca che le autorità si affrettano ad attribuire ai ceceni. Scrive Aleksandr Litvinenko nel libro[16] che forse gli è costato la vita:

> «L'ex generale del Kgb Oleg Kalugin pensava che l'Fsb, come struttura, non fosse direttamente coinvolto nell'organizzazione degli attentati terroristici e che le esplosioni fossero state ordinate da uno del "blocchi di potere russi" interessato ad aumentare la popolarità di Putin. (...) Di quale blocco si tratta? Chi ne era a capo? È chiaro che solo Putin avrebbe potuto controllare un simile "blocco" e che il "blocco di potere russo" che tentava di aumentare la popolarità di Putin era innanzitutto formato da Putin stesso».

Una riflessione che la Politkovskaja allarga per spiegare come i ceceni finiranno per pagare questa politica dei «blocchi di potere» putiniani:

> «Questa guerra si basa sul "principio" della responsabilità collettiva. Siccome Basaiev e Khattab hanno marciato sul Daghestan[17], tutti i ceceni sono colpevoli, quindi bisogna "massacrarli nelle latrine"[18].

Se alcuni edifici saltano per aria a Mosca è "colpa dei ceceni", anche se i responsabili non sono mai venuti fuori... Questa cosiddetta responsabilità collettiva si manifesta a tutti i livelli in Cecenia».

Purtroppo le cose non sono migliorate dopo la morte di Anna Politkovskaja. L'Organizzazione non governativa Human Rights Watch in un comunicato del 2008 ricorda che sono tanti i casi aperti davanti alla Corte europea dei diritti umani che riguardano la Russia e le negazioni dei diritti in Cecenia[19]. Reati gravissimi quali tortura, rapimenti e uccisioni extragiudiziali, sepolture in fosse comuni[20]. Casi per i quali è il governo russo sul banco degli imputati, anche se riesce sempre a farla franca, come spiegano i radicali italiani Giulio Manfredi e Igor Boni:

> «Molte delle violazioni riscontrate dalla Corte Europea concernono crimini di guerra e crimini contro l'umanità, i cui autori godono al momento della più completa impunità. La mancata adesione della Russia allo Statuto di Roma del 1998, che ha istituito la Corte Penale Internazionale, non consente il ricorso a questo istituto per le gravi violazioni dei diritti umani commesse all'interno della Federazione Russa, Cecenia compresa»[21].

Dopo il suo omicidio, anche i familiari della Politkovskaja hanno sporto denuncia alla Corte per «violazione del diritto alla vita» (articolo 2 della Convenzione).

> «Oggi la Corte europea per i diritti umani è l'unica speranza per le vittime cecene e le loro famiglie di avere giustizia»,

rileva Souhayr Belhassen, presidente della Federazione internazionale dei diritti umani (Fidh) ricordando che la giustizia russa di fatto non persegue questi reati. Aggiunge Jean Marie Fardeau, direttore della sezione francese di Human Rights Watch:

> «La ricostruzione di Groznyj non deve trarre in inganno l'Unione europea. Le torture proseguono e centinaia di scomparsi sono ancora introvabili».

Anna è stata uccisa ma, grazie ai suoi scritti, milioni di persone in tutto il mondo conoscono la realtà della Cecenia e tanti coraggiosi continuano a denunciarne le ingiustizie.

8.
I PARIA CECENI

La Politkovskaja si prende a cuore i ceceni. «Copre» giornalisticamente tutta la seconda guerra, ne capisce la valenza generale e decide di andare fino in fondo. Approfondisce. Non passa, come si fa sempre più spesso, a un altro argomento. Martella, inchioda politici e militari alle loro responsabilità. Fa almeno quaranta viaggi in quella terra martoriata. Non va laggiù insieme all'esercito russo (ammette di essere «in pessimi rapporti con i militari») o alle milizie cecene sostenute dal Cremlino (che, per decisione diretta di Putin, governano a Groznyj). Non è *embedded*. Si mescola alle donne cecene, vive sulla sua stessa pelle le loro sofferenze. Le denuncia. Parla di cose che vede e non si limita a proclami ideologici. E per questo è odiata dai soldati russi che la considerano (e la definiscono) una «nemica». Nel già citato - duro - scambio di lettere tra lei e alcuni ufficiali di stanza in Cecenia, risponde per le rime:

> «Sono nemica di un esercito immorale e depravato. Sono nemica delle menzogne in Cecenia, nemica dei miti e delle leggende fabbricate dai propagandisti dell'esercito, nemica dei vigliacchi che osano portare le spalline»[1].

Stare dalla parte dei ceceni risulta assurdo e incomprensibile alla maggioranza dei russi. I caucasici (grazie anche alla propaganda del regime) sono il parafulmine su cui scaricare ogni tensione, ogni colpa. Lo spiega bene la giornalista

Asne Seierstad, che torna in Cecenia per seguire le orme della Politkovskaja:

> «Per il cittadino russo medio, in testa alla classifica dei soggetti più odiati, e in fondo a quella degli esseri umani stimati, si trovano le persone provenienti dal Caucaso, e in particolare dalla Cecenia. Per i ceceni è un problema farsi registrare nelle città russe, iscrivere i figli a scuola, ottenere un lavoro, trovare un'abitazione»[2].

Veri capri espiatori, Anna Politkovskaja li descrive più volte come i paria della società russa:

> «È il totale annientamento dei diritti degli abitanti del Caucaso settentrionale, attraverso i metodi della cosiddetta "operazione antiterrorismo" che permette di considerare chiunque meno di una formica».

Un paragone che ritroviamo anche nelle considerazioni di Andrej Mironov, membro di Memorial[3]:

> «Diciamo che i ceceni vengono trattati come fossero insetti. Più se ne uccidono, meglio è»[4].

Per spiegare i sentimenti della popolazione cecena, la Politkovskaja pubblica la lettera al direttore del Fsb dei genitori di un ragazzo ceceno scomparso nel nulla:

> «Dopotutto siamo cittadini di questo paese, e ci devono essere garantiti i diritti e le libertà civili come a tutti gli altri. Le chiediamo un grosso favore: si rammenti almeno una volta della Costituzione della Federazione Russa, della legislazione penale e processuale e di un semplice concetto come quello di presunzione d'innocenza».

Si noti il «dopotutto siamo cittadini» e le somiglianze tra quella russa e un'altra lotta al terrorismo, quella americana. Con una non sottile differenza, sottolineata dalla Politkovskaja:

> «Quanto ci interessano le torture dei carcerieri americani sui detenuti iracheni, e quanto ce ne infischiamo invece delle torture inflitte dagli aguzzini russi ai combattenti ceceni prigionieri»[5].

Nella lotta al terrorismo islamico, l'America di Bush e la Russia di Putin sono state similari: nessun rispetto delle regole, nel nome degli interessi superiori. Ma quando il capo della Casa Bianca sbarca in Italia migliaia di persone scendono in piazza a contestarlo. Quando arriva il boss del Cremlino nessuno dice nulla. La ragione di questo strabismo la spiega uno scrittore americano come Don Delillo:

> «L'America è il mito mondiale vivente. Non devi sentirti in colpa quando uccidi un americano o lo incolpi di un disastro in qualche parte del mondo, perché questa è la nostra funzione. Essere degli stereotipi, continuamente incarnare ciò che le persone possono usare per consolarsi, o giustificarsi, o altro. Siamo qui per venirvi incontro. Qualsiasi cosa la gente necessita, noi la forniamo. Essere un mito è una cosa utile».

Anna Politkovskaja peraltro, aveva la doppia cittadinanza russa e americana, fatto che ha spinto qualche sito russo[6] a sostenere che

> «lavorava in Russia grazie al sostentamento di stati stranieri in una regione infiammata dal separatismo. E non è da escludere il fatto che lo facesse negli interessi degli Stati Uniti, trovandosi, come recita il giuramento di fedeltà, in "servizio civile"».

Ma lasciamo da parte le dietrologie e torniamo agli scritti di Anna. Per cercare di correggere la scarsa attenzione verso le violazioni dei diritti umani nell'ex mondo sovietico, nella *Russia di Putin* (suo ultimo libro, dal titolo semplice e profetico) si rivolge direttamente al «nostro» Berlusconi[7] (ma il discorso varrebbe anche per Prodi, la cui politica estera verso la Russia - nel pur breve mandato del 2006/08 - è stata di assoluta continuità con quella del Cavaliere[8]) e ai leader occidentali. Scrive la Politkovskaja:

> «Il revanscismo sovietico seguito all'ascesa e al consolidamento del potere di Putin è lampante. A renderlo possibile però - e va detto - non sono state solo la nostra negligenza, l'apatia e la stanchezza seguite a tante - troppe - rivoluzioni. Il processo è stato accompagnato da un coro di osanna in Occidente. In primo luogo da Silvio Berlusconi, che di Putin si è invaghito e che è il suo paladino in

Europa. Ma anche da Blair[9], Schröder[10] e Chirac[11], senza dimenticare Bush junior oltreoceano».

Sono le stesse - anzi, identiche - accuse mosse ai leader occidentali da uno dei principali oppositori di Putin, Garri Kasparov[12]. L'ex campione del mondo di scacchi, ora leader della dissidenza, intervistato da Fabio Fazio per Rai Tre dice:

> «I leader occidentali, Bush, Berlusconi, Schröder, Chirac, hanno dato a Putin questa sorta di identità democratica, un'identità che viene usata contro di noi. Noi sosteniamo che in Russia vige un regime poliziesco, che in Russia vengono arrestati i rappresentanti dell'opposizione, mentre il Cremlino cosa ci fa vedere? Ci fa vedere Putin con i leader occidentali, tutti i suoi amici che lo accolgono: quindi vuol dire che Putin è un democratico. Bisogna smettere di usare questo doppio binario: la Russia si trova al livello democratico della Bielorussia, del Venezuela, dello Zimbabwe»[13].

Kasparov peraltro, ospitato a Milano dall'associazione *Annaviva*, ha fatto di nuovo riferimento all'Italia:

> «Smettete di far finta di credere che la Russia sia un paese democratico. Nessuno dice che non bisogna fare affari con la Russia. Li fate anche con la Cina ma non ho mai sentito nessuno definire democratici i leader cinesi. Non c'è nulla di strano, d'altronde nel fatto che Sarkozy per difendere gli interessi della Renault e Total faccia la corte alla Russia, la Merkel per gli interessi di Deutsche Bank e Deutsche Telekom o Berlusconi per gli interessi personali di Berlusconi. Insomma, fate affari con la Russia ma non dite che Putin è un democratico»[14].

Torniamo ad Anna Politkovskaja e al suo modo di affrontare il giornalismo: lei prende singoli casi e li dipana fino a esaurire il gomitolo. Il «copione» su cui lavora è sempre lo stesso. Scavare intorno a una singola storia che rappresenti un caso-simbolo. Indicare, con nomi e cognomi, i responsabili di omicidi, stupri e violazioni dei diritti umani. Criticare la magistratura quando manda assolti i colpevoli, per ignavia o per la ragion di Stato. Accusare Putin di aver creato questo maccartismo anti ceceno. E infine indicare la responsabilità generale della silente società russa.

In *Proibito parlare* viene ripubblicata la sua inchiesta

del settembre 2006 (ossia di un mese prima di essere uccisa) su Islam Suschanov, classe 1984. Islam è un ragazzino ceceno, studente modello fino al momento dell'arresto. Dopo qualche settimana di «trattamento» in carcere, confessa tre attentati contro i soldati russi. Viene condannato a 14 anni di carcere, in seguito a un processo e un'inchiesta che Anna definisce di «qualità giuridica infima». Contro di lui, tutte le imputazioni «tipiche» cecene: banditismo, terrorismo, formazioni illegali armate e via dicendo. Viene recluso, in isolamento, nella colonia penale (dal nome sovietico) Ik-5. Non può (né potrà fino al termine della condanna) ricevere lettere. Non può pregare. Tenta il suicidio e compie atti di autolesionismo. Viene continuamente punito con sanzioni disciplinari, per mancato rispetto del regolamento. Chiede ripetutamente che il suo caso venga riesaminato. Avanza richieste per non subire più punizioni corporali.

La Politkovskaja «adotta» questo caso e pone una serie di domande, domande che, nella Russia di Putin, rimarranno inascoltate, senza risposta:

> «Cosa vogliamo davvero noi da Suschanov? Da tutti questi "rastrellati"? Che crepino nelle carceri? Perché non possono pregare? Vogliamo obbligarli a pregare di nascosto e che finiscano per diventare degli integralisti? O che dimentichino le preghiere che hanno imparato nell'infanzia e si mettano a recitarne di nuove[15]? Se Suschanov uscirà, sarà nel 2017, a trentaquattro anni. Gli altri "rastrellati" della sua generazione lasceranno le carceri più o meno nello stesso periodo, a un'età compresa fra i trentacinque e in trentasette anni. Si presenteranno alla società da non sposati. Senza figli, un'istruzione, una professione. Ma con una grande rabbia dentro: una vita rovinata, nessuna giustizia. Temo l'odio di quei ragazzi. E temo ancor di più chi con la violenza costringe i propri simili ad accumularne».

Anna (preoccupata di aver «già incontrato troppi giovani con scintille d'odio negli occhi e un unico sogno: punire chi ha rovinato loro la vita») continua a fare quello che può: denunciare le plateali violazioni dei diritti umani in Cecenia. Una delle vicende che più la indigna è il caso del capitano Eduard Ul'man, il comandante di un battaglione russo responsabile dell'uccisione di sei passeggeri di una macchina incappata, per caso, in un posto di blocco: i corpi dei sei malcapitati vengono addirittura dati alle fiamme. L'episodio avviene in un villaggio ceceno l'11 aprile 2004. Il processo, a Rostov sul Don, manda assolti, dall'accusa di strage, tutti i soldati perché hanno obbedito a un ordine. 7 giurati popolari su 12 salutano con un applauso l'assoluzione del comandante Ul'man, spingendo Anna verso questa riflessione:

> «Solo quando gestisci la giustizia secondo le tue convinzioni esulti. Da cosa è dipesa questa gioia? Dal fatto che hanno difeso "i propri" contro "gli altri", "i nostri" contro i "non nostri"? L'assoluzione del gruppo di Ul'man ha un significato semplicissimo: uccidere un ceceno si può, di qualsiasi ceceno si tratti. E questo inoltre non è nemmeno sangue per il sangue, ma sangue versato per questioni di appartenenza nazionale. La verità è che la maggioranza del paese considera i ceceni un'umanità di seconda scelta, approva un nichilismo giuridico razzista, giustifica la legge del taglione e sogna un ritorno alla pena di morte. Gli applausi dei giurati agli assassini sono l'ovazione per la vittoria di alcuni cittadini della Russia contro gli estranei»[16].

Parole che fanno venire in mente le riflessioni del pastore protestante di Martin Niemöller scritte nel suo *Quando vennero a prendermi*:

> «Prima vennero ad arrestare i comunisti, ma io non ero comunista e non dissi nulla. Poi vennero per i socialdemocratici, ma io non ero socialdemocratico e non feci nulla. Poi vennero per i sindacalisti, ma io non ero sindacalista. Poi vennero per gli ebrei, ma io non ero ebreo e feci pochissimo. E allora, quando vennero a prendere me non c'era più nessuno che si levasse a difendermi».

Frasi e pensieri che, in qualche modo, nei giorni della guerra dell'estate 2008 tra Russia e Georgia, riecheggiavano anche in un editoriale del quotidiano liberale polacco «Gazeta Wyborcza»:

> «L'atteggiamento del presidente francese Nicolas Sarkozy nella mediazione con la Russia è stato troppo morbido e non rappresentativo delle posizioni dei paesi dell'Europa dell'Est. Del resto la vecchia Europa non ascolta le ragioni dei polacchi, dei lituani o degli

ucraini. La vecchia Europa non vuole irritare Mosca né considera l'inviolabilità dei confini della Georgia un motivo abbastanza serio per mettere in discussione il rapporto con la Russia. Quando, dopo la Georgia, i russi punteranno sulla Moldova o su altri paesi europei, noi polacchi potremo dirvi: "Vi avevano avvertiti"»[17].

Al di là delle paure dei polacchi, va rilevato che Putin ha trovato (né più né meno come Stalin) il nemico interno cui convogliare l'odio dei russi: i ceceni (e i caucasici in generale, come dimostra appunto la crisi georgiana). Per loro, ricorda la Politkovskaja, nessuno ha mosso un dito:

«A questo punto solo un pazzo potrebbe invidiare i ceceni che vivono nel nostro paese. Non che prima andasse meglio, ma nelle ultime settimane la macchina della vendetta statale ha ingranato la marcia della pulizia etnica. Sotto l'egida della polizia, *pogrom* ed eliminazioni sono all'ordine del giorno. In un attimo si distruggono vite: la gente perde la casa, il lavoro e la terra sotto i piedi. Il motivo è sempre lo stesso: basta essere ceceni».

Per questa ragione la Politkovskaja parlava, a proposito della Cecenia, di genocidio:

«Chi ha deciso quali sono i parametri numerici di un genocidio? Quante persone devono morire perché lo si possa definire un genocidio? Per i miei parametri di riferimento, questo è un genocidio. Perché io so che gli stessi militari ne parlano in questi termini. Quando gli chiedo: "Perché avete ucciso quest'uomo? Perché avete sparato a quell'altro?". Loro rispondono: "Perché era ceceno". Ecco, questo è genocidio»[18].

La responsabilità di tutto ciò è certamente di Putin, dei suoi ministri, dei suoi ufficiali. Ma che dire dei russi che tacciono?

«E noi, cosa facciamo? Restiamo in silenzio. Convinti che riversare su un intero popolo la responsabilità di crimini commessi da alcuni dei suoi rappresentanti sia in fondo una cosa del tutto normale. Cosa vogliamo dai ceceni? Che continuino a far parte della Federazione Russa?
E cosa dovrebbero fare quelli che vivono in mezzo a noi? Cosa consigliare loro? Di nascere di nuovo? Nel nome di qualsiasi comunità, slava, ebrea, ucraina, ma non cecena? Di suicidarsi in massa? Di an-

darsene dalla Cecenia, nella zona da reietti cui il Cremlino ha dato vita tre anni orsono, e non dar fastidio al resto della società?».

La previsione della Politkovskaja si è in parte avverata. Ceceni fuggiti dal Caucaso si sono rifugiati in quel «non luogo» che è la zona rossa di Černobjl', intorno alla centrale nucleare esplosa nel 1986[19].

9.
UNA STRAGE DOPO L'ALTRA

Anche per il sequestro di massa effettuato nel 2002 da miliziani ceceni nel teatro moscovita dove era in scena lo spettacolo *Nord-Ost*, la Politkovskaja si trova in prima linea. Sono gli stessi terroristi a chiedere la sua mediazione. La scelgono non perché li abbia mai appoggiati. Tutt'altro. Ma sanno che una delle poche giornaliste russe che della Cecenia ha raccontato tutto, anche le stragi di civili innocenti. La sua mediazione risulterà inutile. Al Cremlino qualcuno ha già deciso di «stanare i terroristi nella tazza del cesso», disinteressandosi degli eventuali «danni collaterali».

Dopo il blitz delle forze speciali, dopo le decine di persone intossicate da un gas misterioso capace di uccidere i terroristi ma anche un centinaio di sequestrati, alla giornalista rimangono tante domande, ovviamente rimaste senza risposta:

> «Perché c'erano così pochi medici per la rianimazione? Perché i soccorsi non avevano antidoto in quantità adeguata? Perché, con l'uso del gas, il Cremlino ha messo ostaggi e terroristi sullo stesso piano? E dove sono «i dispersi?».

Anche in questo caso, la giornalista russa «condanna» i connazionali che - a parte i diretti interessati - hanno voltato le spalle:

> «La gente del resto non ha fiatato. Gridano soltanto le vittime di una giustizia a comando. Ma solo dopo esserlo diventate. La psicologia dello schiavo è tornata per l'ennesima volta a dominare».

Al disinteresse della maggioranza dei connazionali, si aggiunge un giudizio negativo (alimentato dai mass media) verso i superstiti che avrebbero cercato di approfittare della situazione per bieche ragioni economiche:

> «L'aver abboccato alla teoria vergognosa per cui le vittime di *Nord-Ost* pretendano la verità solo per spillare quattrini allo Stato non è solo un errore immorale della maggioranza dei russi. È una sentenza di autocondanna. Se la macchina dello Stato dovesse far fronte a risarcimenti multimilionari per i danni morali provocati, ricorrerebbe a qualsiasi mezzo - statene certi - per scongiurare il successivo attentato. Perché è in grado di scongiurarlo, potete star certi anche di questo. Ma la storia non conosce il periodo ipotetico, per questo siamo dove siamo. Al dopo Beslan. Ci ha condotto qui *Nord-Ost*, l'abbiamo permesso noi. Nei due anni passati, la gente ha continuato a dormire sonni tranquilli e a ballare nelle discoteche. Senza curarsi del dolore delle vittime o di sapere la verità. È stato questo il momento cruciale: il potere ha capito di aver piegato per l'ennesima volta il proprio popolo. Su quest'onda è venuta Beslan».

«Sonni tranquilli», usa questa espressione Anna Politkovskaja. La stessa che utilizzeranno i suoi colleghi dopo il suo omicidio, promettendo che «finché ci saremo noi, i tuoi assassini non dormiranno sonni tranquilli». E, come vedremo, il fantasma di Anna continua a turbare le coscienze di quanti sono ai vertici politici e diplomatici della Russia.

Le stragi scandiscono comunque la vita della Federazione Russa degli ultimi anni. A Beslan, città dell'Ossezia del Nord (piccola repubblica caucasica[1]), il 1 settembre 2004 un gruppo di terroristi ceceni prende in ostaggio un migliaio di alunni nel loro primo giorno di scuola. Dopo 72 ore (nelle quali i terroristi non forniscono ai piccoli sequestrati né cibo, né acqua) l'intervento delle forze speciali russe provoca scontri con i terroristi con pesanti conseguenze: muoiono 394 persone, tra loro 156 i bambini. Per la Politkovskaja gli errori della Dubrovka si ripetono a Beslan, dove

> «i rappresentanti del governo si preoccupano più di intuire cosa voglia Putin che di contrastare quanto sta accadendo nella scuola. Meglio perdere qualche vita umana. Perdere i favori di Putin è un vero e proprio suicidio».

Lei per una volta non sarà della partita, fermata da un tè avvelenato sul volo per Beslan. Un chiaro avvertimento che la Politkovskaja ignorò, come spiega il figlio Il'ja:

> «Fosse capitato a me, avrei smesso di occuparmi di dossier scottanti. Lei invece no, anzi, quel tentativo di avvelenamento la rafforzò nella convinzione che fosse nel giusto e che i suoi nemici fossero solo dei vigliacchi. Era molto orgogliosa e fiera non tanto del suo lavoro quanto dei risultati che riusciva a ottenere»[2].

A proposito dell'avvelenamento, l'ex dissidente Andrej Mironov, grande amico di Anna, è convinto sia stato messo in pratica da chi poi l'ha fatta assassinare:

> «Credo che i colpevoli vadano cercati solo tra le autorità. E ad alti livelli, direi. Perché in Russia non c'è divisione di poteri. Tutto viene deciso da una sola persona, il presidente»[3].

10.
NOI

In Russia c'è un movimento di giovani putiniani (simili a moderni balilla o, per restare da quelle parti, al Komsomol'[1]) che si chiama *Naši*, i nostri. Un gruppo di fedeli ed esagitati militanti, messo in piedi dagli strateghi del Cremlino (che hanno cercato adepti - come peraltro già fecero le balcaniche Tigri di Arkan[2] - nelle curve calcistiche) che divide il mondo in *noi* e *loro* e ha il compito di impedire ogni possibile sbocco democratico al paese, ogni possibile critica al regime instaurato da Putin e dai suoi fedeli. Usano gli stessi strumenti di propaganda dei rivoluzionari arancioni filo occidentali, per opporsi però alle rivoluzioni democratiche. È insomma un movimento controrivoluzionario. Con in più il tocco della violenza, come assalire l'ambasciata estone quando a Tallinn decidono di spostare in periferia la statua del milite ignoto sovietico. I *našisty* putiniani hanno manifestato anche il giorno dopo l'uccisione di Anna Politkovskaja, per contrastare il manipolo di coraggiosi che si era riunito davanti a casa della giornalista per chiedere giustizia.

Il concetto della Politkovskaja dell'idea di «noi» (su cui si incentra l'introduzione del libro *Cecenia, il disonore russo*) è opposto a quello dei *našisty* putiniani:

> «Noi? Noi siamo pronti a scannarci per ogni parola che non ci piace. Siamo intolleranti e intransigenti. Noi? Noi, molto semplicemente, abbiamo ricominciato a mettere in circolazione concetti gravi come quello di "nemico del popolo", e affibbiamo questa

etichetta a tutti quelli che non la pensano come la maggioranza, senza alcuna distinzione. Noi? Noi abbiamo riconosciuto che una pallottola in testa è il mezzo più semplice e più naturale per risolvere qualunque conflitto, pur minimo che sia. Noi? Noi, inariditi dalla guerra, odiamo più spesso di quanto amiamo. L'odio è la nostra preghiera. Stringiamo i pugni volentieri, ma abbiamo difficoltà a riaprire le mani. E ancora una volta, invece di respirare a pieni polmoni, ci nutriamo del sangue dei nostri compatrioti senza battere ciglio».

Nell'enorme Federazione Russa, le discriminazioni nei confronti dei ceceni, e dei caucasici hanno anche una base linguistica. In russo ci sono due modi di definire gli abitanti del paese: *rossijanin*, che significa cittadino russo nel senso di cittadino della Federazione Russa e *russkij*, ossia russo al cento per cento, slavo. I ceceni non sono etnicamente russi, lo sono solo amministrativamente. Da questa distinzione, nascono molti dei problemi che la Politkovskaja denuncia nei suoi scritti.

Anna cerca inoltre di sovvertire una certa idea (non solo russa) che tutto sia inutile, che le cose vengano sempre decise altrove e che nessuno possa farci nulla. Non è così:

«I putiniani - quelli che l'hanno messo dov'è, che volevano che salisse al trono una prima volta, quelli che ora siedono nell'ufficio del presidente e di fatto guidano il paese (non il governo, che esegue le volontà del presidente, e non il Parlamento, che ratifica le leggi che il presidente vuole) - seguono con grande attenzione le reazioni dell'opinione pubblica. Non è vero che se ne infischiano. E ciò significa una cosa importantissima: i veri responsabili di quanto sta accadendo siamo noi. Noi, e non Putin. Il fatto che la nostra reazione a lui e alle sue ciniche manipolazioni si sia limitata a sparuti borbottii da cucina[3] gli ha garantito l'impunità nei primi quattro anni di mandato. La nostra apatia è stata senza confini e ha concesso a Putin l'indulgenza plenaria per i quattro anni a venire. Le nostre reazioni a quel che ha detto e fatto sono state non solo fiacche, ma impaurite. Abbiamo mostrato di aver paura dei *čekisty*[4], inducendoli a perseverare nel trattarci da popolo bue. Il Kgb rispetta solo i forti, i deboli li sbrana. E lo dovremmo sapere, ormai. Invece ci siamo scelti la parte dei deboli e siamo stati sbranati. La paura è pane per i denti del *čekista*. Non c'è nulla di meglio, per lui, del sentire che la massa che vorrebbe sottomettere trema come una foglia. Era ciò che volevano. Giornali e televisioni traboccavano della nostra paura. L'opposizione non faceva che ripetere quanto grande fosse il pericolo - e dunque la sua paura - che Putin fosse rieletto. E anche lei è stata sbranata...».

La giornalista russa cerca anche di immedesimarsi in Vladimir Putin, di comprendere le origini di certi suoi atteggiamenti. Trovando una risposta nel suo *imprinting* di spia sovietica:

> «Se Putin si comporta in questo modo non lo fa perché è un tiranno e un despota congenito ma perché così gli è stato insegnato. Queste sono le categorie che gli ha inculcato il Kgb e che lui stesso ritiene ideali, come ha più volte dichiarato. Perciò non appena qualcuno dissente, Putin si limita a chiedergli di "piantarla con gli isterismi". Per questo rifiuta i dibattiti pre elettorali: non sono il suo ambiente, non è capace di parteciparvi, non sa reggere un dialogo. La sua arte è quella del monologo, il suo schema quello militare: da basso rango ero costretto a non fiatare? Ora che sono io in cima alla scala parlo, anzi monologo, e che gli altri fingano di essere d'accordo con me».

È la stessa analisi che fa il «nostro» Leonardo Coen:

> «Putin, in fondo, è rimasto un militare, quanto a codici di ragionamento e comportamento. Sa cosa vuol dire obbedire agli ordini: lo ha fatto per anni, nel Kgb. E quindi lo esige dagli altri: obbedire senza discutere»[5].

Con sconsolata rassegnazione, Anna si accorge che la gente russa accetta questo capo neosovietico perché è abituata così, perché è incapace di accettare le novità e i rischi connessi all'essere liberi:

> «Non sapendo come gestire il nuovo corso economico, la maggioranza della gente, invece di rimboccarsi le maniche e mettersi a costruire una società democratica, era divenuta nostalgica di quella comoda epoca dove non eravamo responsabili quasi di niente, dove quasi non lavoravamo ma avevamo comunque pane e salame assicurato: una nostalgia battezzata "salame da due rubli e venti", dal nome dell'indigesto prodotto dell'epoca sovietica alla portata di tutti».

A un anno esatto dall'omicidio di Anna i *našisty* sono

tornati in piazza, in migliaia, nel centro di Mosca. Non per onorare la grande giornalista scomparsa, ma per festeggiare il 55° compleanno di Vladimir Putin. Indossavano magliette rosse nel quale campeggiava il volto del piccolo condottiero e la scritta «La nostra scelta! ». Il culto della personalità, evidentemente, non è tramontato. C'erano anche tante bandiere russe con l'immancabile orso del partito putiniano. I manifestanti hanno voluto ringraziare Putin di «aver promosso la resurrezione della Russia come superpotenza». Come dice dalemianamente Garri Kasparov,

> «la Russia diventerà un paese normale quando il 7 ottobre onorerà la memoria di Anna Politkovskaja invece di festeggiare il compleanno di Vladimir Putin»[6].

11.

CI SARÀ UN GIUDICE A MOSCA?

Nei suoi scritti, la Politkovskaja punta il dito sull'anello debole del sistema, l'unico in grado di interrompere la catena di errori e orrori: la giustizia. Anna se la prende con Putin, con l'indifferenza *moraviana* dei russi, ma anche con i giudici che non fanno i giudici:

> «Ci è stato dimostrato che, nonostante le riforme, il nostro non è un sistema giudiziario indipendente. Quello che abbiamo sono processi su commissione politica a seconda della congiuntura del momento, una commissione che - per di più - è ritenuta ovvia da buona parte dei nostri compatrioti. L'uomo russo di oggi, l'uomo dell'era Putin, ha il cervello offuscato dalla propaganda e per buona parte è tornato a pensare da bolscevico. In Russia non esiste un sistema giudiziario. Quel che abbiamo è un sistema che ottempera alle esigenze della politica, al quale si oppongono solo singoli eroi».

Un personaggio detestato da Anna come Stalin diceva che «si nasce di rado eroi, ma gli uomini comuni possono diventarlo». Di questa categoria fa certo parte la Politkovskaja stessa che si fa carico del caso di una ragazzina cecena, El'sa Kungaeva, arrestata con una scusa e quindi molestata e uccisa da un colonnello russo - Jurij Budanov - e lancia una campagna perché l'assassino risponda per quel che ha fatto. L'ufficiale infatti prima accusa la minorenne di essere una terrorista, poi dice di aver perso momentaneamente il lume della ragione quando lei (che verrà strangolata e seppellita nuda vicino alla caserma) non ha risposto alle sue domande (la giovane non parlava russo) e infine si nasconde dietro le stellette. Per salvare il colonnello dalla condanna, si registrano manifestazioni e pressioni.

> «La prima fase delle udienze, dall'estate del 2001 all'ottobre del 2002 - scrive la Politkovskaja - non fu intesa alla ricerca dei colpevoli e degli innocenti, ma del modo di assolvere Budanov da ogni sua colpa. Nel corso del procedimento il giudice Kostin non nascose d'essere apertamente filobudanoviano. In quei mesi persino il pubblico ministero si espresse a favore dell'imputato, assurgendo a suo secondo difensore (laddove dovrebbe essergli chiaro che erano le vittime i suoi clienti). Quando il processo ebbe inizio in Russia la congiuntura politica stava cambiando radicalmente. Il Cremlino si stava disamorando dei giochi alla democrazia e alla "dittatura della legge". Di conseguenza, tutti coloro che combattevano in Cecenia erano "eroi" indipendentemente da quello che facevano, e il presidente cominciò a distribuire gradi e onorificenze a piene mani, rassicurando tutti quanti che lo Stato non li avrebbe mai "traditi". Controllati anch'essi dallo Stato, i mass media si diedero a diffondere il nuovo verbo. La televisione non faceva che ripetere con quanta onestà Budanov avesse compiuto il suo dovere. La politica aveva ordinato di lavare il cervello alla popolazione, e questo era quel che si stava facendo a spron battuto in attesa di una sentenza assolutoria».

Anna, per affrontare questo caso, si documenta e diventa, di fatto, il pubblico ministero di un processo mediatico che è costretta a mettere in scena per evitare che la sabbia del nazionalismo (soffiata dal Cremlino) nasconda il tutto. Si susseguono perizie e indagini, anche perché lei non cessa di denunciare quanto accaduto.

Durante questo procedimento giudiziario contro Budanov risulta evidente come la Russia di Putin sia la naturale prosecuzione di quella sovietica. Dopo che le prime due perizie hanno stabilito che Budanov era «capace di intendere e volere» ma che soffriva di «disturbi della personalità e del comportamento» (ottima prerogativa per un ufficiale...), compare per redigere l'ultimo consulto psichiatrico un personaggio del vecchio apparato repressivo comunista, la dottoressa Tamara Pečernikova del famigerato centro scientifico statale di psichiatria forense Serbskij[1]. Scrive Anna Politkovskaja a tal proposito:

> «Questa la genesi della terza perizia, quella "esatta". In cui l'essenziale risultò quanto segue: è colpa tua se ti hanno ammazzata, non dovevi opporre resistenza e non dovevi fare la cecchina. E ancora: mentre ti ammazzava, Budanov era incapace di intendere e volere, dopo averti ammazzato è ritornato normale. Così vanno le cose in Russia: per stilare perizie legali non sono i fatti che contano, ma chi li manipola. Il risultato di una perizia dipende da chi la effettua».

La giornalista russa si sofferma poi sulla figura della Pečernikova:

> «La futura salvatrice del colonnello Budanov[2] fu sulla cresta dell'onda soprattutto negli anni Settanta, anni durissimi nel nostro paese, anni di scontri prolungati del regime comunista con i dissidenti. All'epoca avevamo già una Costituzione di tutto rispetto, e per non turbare troppo l'Occidente il Kgb preferiva condurre la sua guerra al libero pensiero con metodi psichiatrici, dichiarando mentalmente disturbata quanta più gente poteva e internandola forzatamente in apposite cliniche».

Parole che fanno capire che esagera ma forse non scherza Aleksandr Dugin[3], presidente del Movimento internazionale eurasiatico, quando dice, a proposito della situazione odierna:

> «Gli avversari della linea politica di Putin non ci sono più, ma se anche ci fossero non sono altro che malati psichiatrici e vanno spediti dai medici».

Nel mondo che ha inventato la «Pravda» e i dissidenti in manicomio, Anna Politkovskaja non si accontenta comunque delle verità ufficiali. Dopo una prima assoluzione, Budanov alla fine sarà condannato a dieci anni di carcere. Una pena che si sarebbe tramutata in assoluzione senza l'insistenza di Anna Politkovskaja e senza un'ottima difesa legale (pagata dall'associazione Memorial) orchestrata anche dal giovane legale Stanislav Markelov, assassinato nel 2009.

Jurij Budanov (che ora non fa più parte dell'esercito

ma che ai tempi della guerra cecena aveva ottenuto il titolo di «Eroe della Federazione Russa»[4]) è stato il primo ufficiale condannato per crimini di guerra in Cecenia.

A Budanov, la Politkovskaja contrappone - in un brano intitolato *Gli eroi segreti della Russia* - il colonnello Mohammed Jandiev. A lui, in tutte le sedi possibili reclama la concessione del titolo «Eroe della Russia» per aver salvato nel 1999 (su indicazione e per iniziativa della stessa giornalista che non si limita a raccontare la loro storia) 89 anziani dimenticati nell'ospizio di Groznyj durante l'evacuazione della città, in procinto di essere rasa al suolo dall'aviazione russa. Ma Putin, come spiega quasi sorpresa Anna (per la quale si comincia a capire perché meriti il titolo di «Giusto»[5]), non concede benemerenze «a chi salva una vita»:

> «Pensate sia solo un dettaglio? Assolutamente no. Ci siamo accorti che la parola "pietà" è stata cancellata dal vocabolario del governo. Il governo oggi fa affidamento sulla crudeltà dei propri cittadini: la distruzione è incoraggiata, la logica dell'omicidio seguita e diffusa. In un contesto simile, *per diventare un eroe devi uccidere*».

A proposito di questi eroi che uccidono e che piacciono tanto a Putin, un bel romanzo italiano, *Il sangue degli altri*[6] di Antonio Pagliaro, racconta di un personaggio che ricorda molto il colonnello Budanov: un ufficiale russo coinvolto nell'omicidio di una ragazza cecena, che diventa cittadino lettone e viene assassinato a Palermo dove è andato ad aprire un casinò. Il protagonista del libro, un giornalista siciliano, va a Groznyj a raccontare ai genitori della giovane che, in qualche modo, «giustizia è stata fatta». Ma, come dicevo, è solo un romanzo per il quale vale la regola di Dostoevskij, «la verità autentica è sempre inverosimile»[7]. La realtà, purtroppo, è ben diversa: il colonnello russo Budanov, dopo otto anni e mezzo di carcere, viene liberato - per buona condotta - il 27 dicembre 2008. Otto anni e mezzo di penitenziario. Vale ben poco la vita di una giovane cecena, in Russia. Per completare la drammaticità della vicenda, due settimane dopo questa discutibile scarcerazione, viene assassinato a Mosca il già citato avvocato della famiglia della ragazza, Stanislav Markelov, insieme a una giovane collaboratrice della «Novaya Gazeta». La storia si ripete nella *Russia di Putin*. Ma è una storia che racconteremo fra breve.

Per tornare alla Politkovskaja, la sua attenzione verso le vicende giudiziarie non si limita ovviamente solo all'*affaire* Budanov. La sua penna colpisce anche e soprattutto i tribunali di provincia. Anna critica i giudici togati ma anche quelli popolari che in un paese non libero come la Russia[8] fanno sempre la fine dei vasi di coccio:

> «I nostri giurati sono gentucola. Sono abituati a pensare che il Kgb (o Fsb che dir si voglia) abbia sempre ragione, anche quando così non è. I giurati e buona parte di noi con loro, sono portatori di una *forma mentis* forcaiola. Non abbiamo imparato niente. La durezza piace più della pietà e della comprensione. E chi se ne importa di quante uova bisogna rompere per fare la frittata. Meglio condannare che pensare».

Tra i tanti nemici che Anna accumula facendo il suo lavoro va annoverato il giudice Anatolij Kriskij, presidente di un tribunale vicino ai monti Urali. La giornalista lo accusa di aver preso una tangente da 20 mila rubli dalla moglie di un losco oligarca locale, Fedulev. L'inchiesta a carico del giudice (del quale Anna segnala un modo di vivere dispendioso, incompatibile con lo stipendio di un giudice russo) finisce naturalmente in nulla. Invano la Politkovskaja ricorda anche la legge federale sullo *status* dei giudici che «esige uno stile di vita morigerato». Le regole purtroppo vengono applicate rigidamente solo ai nemici di Putin; per gli amici si chiudono entrambi gli occhi. Il perché lo spiega la stessa giornalista:

> «Putin può farla da padrone in Cecenia, scegliendo chi punire e chi salvare, ma ha una paura tremenda di quei mafiosi. Perché ci sono tanti di quei soldi in ballo che buona parte di noi non riesce nemmeno a immaginare. E se la posta arriva a milioni di dollari, la vita, l'onore o la parola di un uomo contano meno di niente». Per questo, «Putin ha scelto di fondare il proprio potere sugli oligarchi, cassando dal suo schema la gente comune».

Anna segue anche le udienze del processo per la strage del *Nord-Ost*, stando al fianco dei parenti delle vittime - russe - del gas velenoso che invano chiedono di far luce sulla mancata assistenza medica. La giornalista critica il giudice che infierisce sui querelanti con «vergognose angherie», che ascolta «annoiata le testimonianze» e che ha un atteggiamento noncurante e irrispettoso del dolore altrui. Tra le vittime della strage al teatro, la Politkovskaja segnala anche il caso del musicista Timur Chaziev, non soccorso in ospedale perché scambiato per ceceno. Sul suo referto la causa della morte è lasciata in bianco. A ucciderlo, conclude la giornalista, è stata «l'ideologia di Stato».

La prematura morte ha impedito alla grande giornalista russa di seguire un altro dei penosi strascichi della Dubrovka: il furto di tutti i beni personali degli spettatori feriti, beni che erano stati presi in consegna dalla polizia di Mosca. Per questo il 22 ottobre del 2008 il comitato che riunisce i superstiti e le famiglie delle vittime del sequestro, ha presentato un esposto nel quale chiede alla città di Mosca un risarcimento per quanto è stato «sequestrato» dalla polizia e mai più restituito. L'avvocato delle famiglie, Igor Trunov, ha spiegato molto semplicemente i motivi del ricorso:

> «Per tanti anni abbiamo chiesto alle forze dell'ordine di indagare sulla scomparsa del denaro e dei preziosi, ma non abbiamo mai avuto risposta. Se la procura di Mosca copre i suoi funzionari disonesti, allora se ne assuma anche la responsabilità economica»[9].

Anna avrebbe certo ironizzato sul tentativo del capo delle indagini, Vladimir Kalciuk, di far ricadere la colpa di tale furto su un capitano della polizia, Dienes Lielikhin, deceduto in un incidente stradale. Una depistaggio subito smascherato dal Fsb, cui si è rivolto indignato il padre del capitano, a sua volta ex agente dei servizi segreti. L'impressione è che anche questa inchiesta finirà nel nulla, come una bolla di sapone, come quei 130 palloncini che i parenti delle vittime fanno volare in cielo a ogni anniversario della strage.

12.
BOLSCEVISMO O IL RITORNO A CASA

Anna Politkovskaja è convinta che il regime instaurato da Vladimir Putin in Russia sia la prosecuzione moderna della vecchia Unione Sovietica, dell'Urss peggiore peraltro. Annota nel suo *Diario*: «Continuiamo a seminare Putin per raccogliere Stalin. Non è una sensazione piacevole». D'altronde, come ricorda lo scrittore Viktor Erofeev, «Stalin non deve essere riabilitato, perché riabilitato lo è già. L'anima russa è per sua natura stalinista»[1]. Mentre a giudizio di Memorial, l'associazione umanitaria russa animata da ex dissidenti, Putin sarebbe riuscito a «liberare i russi dal complesso di colpa sovietico»[2].

Sono meccanismi inevitabili in un paese dove si è stati abituati così per sessant'anni. È quanto pensa la Politkovskaja:

> «Il fatto è che noi che viviamo in Russia siamo tutti - o quasi - un prodotto dell'Unione Sovietica e, chi più chi meno, ci atteniamo a un codice di vita sovietico».

Da qui deriva il fatto che non c'è da stupirsi se per Putin, riecheggiano come ai bei tempi dei segretari del Pcus, le odi dei giornalisti di regime:

> «Il telegiornale ufficiale Vesti ha così riferito: "Nel Mare di Barents si sono concluse con grande successo le esercitazioni della Flotta del Nord. In divisa da sommergibilista, il presidente ha cenato con i marinai". Tipico buon viso sovietico a un pessimo gioco. Tra l'altro Putin era ridicolo con l'astrakan da ammiraglio in testa. Da un punto di vista militare, il fatto che il Comandante supremo sia in mare durante una guerra nucleare - per quanto fittizia - è un'eresia. Dovrebbe guidare il paese, valutare la situazione, dare disposizioni».

Quando si riferisce all'ignavia dei suoi connazionali contro il rinascente regime, la Politkovskaja non può che fare paragoni con il recente passato:

> «È una vecchia, deplorevole abitudine sovietica: stai buono, non muovere un dito e aspetta che dall'alto cali una vita migliore».

Ciò vale, a maggior ragione durante le elezioni:

> «La maggioranza degli scrutatori con cui sono riuscita a parlare mi ha detto di avere paura ("abbiamo famiglia, abbiamo figli... meglio aggiungere voti che vedersi rapire i propri cari..."). In questo contesto, chi osa negare che con Putin al potere stiamo assistendo al ritorno dello stalinismo? Io no. Del resto il ricordo genetico di come bisogna vivere per sopravvivere è ancora fresco: basta seguire la corrente».

Dopo l'omicidio della Politkovskaja, lo stalinismo è stato d'altronde sdoganato anche nei nuovi libri di scuola che Putin ha voluto fossero indicati per gli studenti. Libri nei quali si parla bene di Stalin, Brežnev[3] e Andropov[4] e male di Chruščëv[5], Gorbačëv ed El'cyn. E, ovviamente, libri scolastici nei quali si descrive in modo entusiastico la figura dello stesso Vladimir Vladimirovič:

> «Con lui la Russia è uscita da una lunga crisi economica, ha risolto il problema del debito e, sfruttando le condizioni della crescita economica, si accinge a risolvere i più impellenti problemi sociali. Praticamente ogni iniziativa significativa è legata al nome e all'attività del presidente Vladimir Putin».

La riscrittura della storia a immagine e somiglianza dei vincitori non l'ha inventata Putin. Ma è chiaro che la prosopopea utilizzata dai cantori del regime ricorda i bei tempi del Soviet Supremo.

D'altronde è stato lo stesso Putin a dire che «lo scioglimento dell'Unione Sovietica è stata una delle peggiori tragedie del secolo scorso» e a sostenere con una certa arroganza:

> «La Russia non deve giustificarsi per la sua Storia: ha meno pagine nere rispetto ad altri paesi. È inammissibile che qualcuno ci obblighi a sentirci colpevoli. Che pensino piuttosto a loro stessi.

Mentre per quel che ci riguarda, ciò non si deve dimenticare, non lo dimenticheremo»[6].

Dimentica forse, il compagno Putin, la spartizione (coi nazisti tedeschi) della Polonia, i gulag, le invasioni d'Ungheria, Cecoslovacchia e Afghanistan?

Anna, dal canto suo, ha comunque predetto quale sarebbe stata la parabola del putinismo:

«I metodi sovietici sono dunque nuovamente di moda. Non vorrei riferirmi per forza al passato, ma Putin mi ci trascina, come vi trascina tutto il paese. Lui ci si trova più a suo agio, data la sua formazione e il suo precedente impiego. Ma io no. (...) Da nome proprio, Putin è diventato un nome comune. È diventato il simbolo della restaurazione di un regime neosovietico in Russia. E noi? Noi siamo il suo popolo. Assicuriamo questa restaurazione. Siamo un popolo di *tovarich*, di "compagni" che per un certo periodo si sono considerati *gospoda*, "signori", e che ora desiderano tornare alla situazione di prima. Non abbiamo cambiato, mettendoci sotto la bandiera di Putin, siamo solo tornati a casa. Questa è la cosa principale. Non c'è stata alcuna metamorfosi, abbiamo semplicemente fatto marcia indietro verso il nostro recente passato sovietico. Putin si è limitato a sfiorare il nostro punto sensibile e noi, come tante rane da laboratorio, abbiamo reagito alla lieve scossa elettrica con un brivido. Ma qual è questo "punto sensibile"? È il nostro servilismo, uno stato che ci è caro».

Poi la stoccata finale contro Putin, colui che persino i *magazine* americani hanno voluto designare come «uomo dell'anno 2007». Scrive Anna Politkovskaja:

«Se pensate che Putin abbia genialmente percepito i desideri della folla e vi si sia appoggiato per costruire la sua politica sciovinista dello Stato forte, vi sbagliate di grosso.
Non è un genio, è fatto della stessa pasta della nostra folla, che è insieme filosovietica e post sovietica, ed è proprio qui che nascono i nostri problemi attuali. Anzi, la folla lo apprezza perché fa corpo con lei. È lui stesso un "salame da due rubli e venti", sinceramente convinto che l'epoca sovietica sia stata la migliore e che bisognerebbe restaurarla. Era l'epoca in cui il Kgb era all'apogeo del suo potere, tutti ne avevano paura senza precisamente sapere perché. L'epoca in cui si aveva una doppia vita e una tripla morale. L'epoca in cui il capo aveva una faccia per l'Occidente e una per il suo popolo. L'epoca in cui la potentissima macchina per il

lavaggio dei cervelli funzionava giorno e notte sotto la direzione del partito».

È frutto di una sorta di patto non scritto tra il potere e il popolo russo, secondo lo scrittore Viktor Erofeev:

«Voi non ci tradite, siate leali, e noi vi garantiamo la libertà di fare quello che volete a casa vostra e nelle vostre dacie. E i russi hanno accettato lo scambio»[7].

D'altronde, come ricorda il collega svizzero Allaman,

«la Russia sembra indifferente alla libertà di parola che era stata confiscata dai bolscevichi per settant'anni»[8].

E infatti la macchina propagandistica non ha mai smesso di funzionare. La conversione putiniana di Aleskandr Solženicyn[9] sembra sia stata dovuta principalmente al fatto che (secondo quanto riferito dai familiari) l'anziano dissidente avesse come unica fonte di notizie la televisione pubblica, il Primo Canale[10]. Se Putin ha convinto Solženicyn (che quand'era dissidente sovietico, invitava a «non asservire la vita alla menzogna»), figuriamoci se non convince anche il russo medio che, per la Politkovskaja «ha il cervello offuscato dalla propaganda e per buona parte è tornato a pensare da bolscevico».

Scrive Vitalij Aver'janov a proposito dei media russi:

«I canali nazionali della televisione tornano sempre più a svolgere le funzioni tipiche della "stagnazione" tardo sovietica. I toni soporiferi suscitano nella generazione più anziana un senso di *déjà vu*»[11].

Come ricorda il semiologo Umberto Eco:

«Ci sono culture e paesi in cui il potere si regge sul consenso, e in essi si usano tecniche di persuasione. E ci sono paesi dispotici dove vale solo la legge della forza e della prevaricazione, e in cui non è necessario persuadere nessuno»[12].

La Russia di Putin, a occhio e croce, appartiene a questo secondo gruppo.

13.

IL COCCODRILLO DEL CREMLINO

Un pezzo importante del puzzle (spezzato) di Anna Politkovskaja è ovviamente incentrato sull'attenzione che riserva a Vladimir Putin, per due mandati presidente della Federazione Russa, tutt'ora *deus ex machina* della Russia, costruita a sua immagine e somiglianza.

La giornalista e scrittrice dedica a colui che definisce «un *čekista*, uno sbirro della polizia segreta» un intero libro. Il perché lo spiega nelle ultime pagine de *La Russia di Putin*:

> «Di cosa parla questo libro? Questo libro parla di un argomento che non è molto in voga in Occidente: parla di Putin senza toni ammirati. (...) Ho riflettuto a lungo sul perché ce l'ho tanto con Putin. Che cosa me lo fa detestare al punto di dedicargli un libro? Non sono un suo oppositore politico, sono solo una cittadina russa. Una moscovita quarantacinquenne che ha potuto osservare l'Unione Sovietica all'apice della sua putrefazione comunista, negli anni Settanta e Ottanta del secolo scorso, e non vuole ricascarci. (...) Perché ce l'ho tanto con Putin? Per tutto questo. Per una faciloneria che è peggio del ladrocinio. Per il cinismo. Per il razzismo. Per una guerra che non ha fine. Per le bugie. Per il gas nel teatro Dubrovka. Per i cadaveri dei morti innocenti che costellano il suo primo mandato. Cadaveri che potevano non esserci. La Russia ha già avuto governanti di questa risma ed è finita in tragedia. In un bagno di sangue. In guerre civili. Io non voglio che accada di nuovo. Per questo ce l'ho con un tipico *čekista* sovietico che ascende al trono di Russia incedendo tronfio sul tappeto rosso del Cremlino».

Ad Anna non piace Putin perché

«una volta diventato presidente non ha saputo estirpare il tenente colonnello del Kgb che vive in lui».

Anzi, per lei

«è il tipico tenente colonnello del Kgb sovietico con la *forma mentis* - angusta - e l'aspetto - scialbo - di chi non è riuscito a diventare colonnello».

O ancora:

«Mi chiedo spesso se Putin sia un essere umano. O se è solo una gelida statua di ferro. Se è un essere umano non lo dà certo a vedere».

Per la Politkovskaja, essendo Putin «figlio del più nefasto tra i servizi segreti del paese», gli viene naturale «voler raddrizzare i propri connazionali amanti della libertà». Il concetto di libertà è una costante nei suoi scritti, è sempre sullo sfondo, è la premessa di ogni cosa. Lo scrive ripetutamente:

«Non vogliamo più essere schiavi. Vogliamo essere liberi. Lo pretendiamo. Perché amiamo la libertà quanto voi».

È in nome di questo principio che la Politkovskaja si rivolge direttamente a noi, all'Occidente. Proprio qui si trovano infatti parecchi intellettuali - a sinistra come a destra - che sostengono la miserabile idea che ci siano paesi (come la Russia e la Cina) non adatti ad avere la democrazia e la libertà. Popoli che vanno tenuti uniti col pugno di ferro, perché immaturi, non ancora pronti. Basta leggere un libro del bengalese Amartya Sen per rendersi conto che questa mentalità è frutto del colonialismo culturale occidentale: «La lotta per la democrazia in tutto il mondo rappresenta la più grande sfida dei nostri tempi»[1], scrive inascoltato il Premio Nobel per l'economia.

La Politkovskaja sostiene anche che Putin non è un eroe ma un personaggio qualunque, cresciuto nel regime e finito nei circoli bene della Mosca che conta, con il pregio di essere ritenuto «affidabile»:

«"Non ci pensare", mi consigliano i miei amici a Mosca. "Diventerai pazza". No, non sono diventata pazza, ma un pensiero mi tormenta: vivo in un paese in cui i governanti hanno sempre disprezzato il proprio popolo. E Putin non è per niente diverso dai predecessori».

Una teoria questa che troviamo riprodotta in forma graffiante nel pensiero di un noto scrittore polacco, Andrzej Stasiuk:

«Vladimir Putin è sempre sembrato una marionetta. Nonostante la messa in scena del suo potere, nonostante il suo ampio repertorio di smorfie, gesti e pose che dovevano farne un leader di rango mondiale, fa venire in mente piuttosto uno statista qualsiasi o un attore di secondo ordine. Si limita a recitare una parte che qualcuno ha scritto per lui. È uno del manipolo di figure sbiadite e passive cui è capitato di governare l'Unione Sovietica dopo la morte di Stalin. In realtà, non è poi tanto diverso, ad esempio, da un qualsiasi Brežnev. Deve semplicemente assicurare la continuità di quella stranissima creatura che è la Russia. Fa il minimo indispensabile. Al suo posto poteva trovarsi chiunque altrettanto anonimo, altrettanto sbiadito e privo di personalità. Certo, si fa fotografare a torso nudo e con il fucile, ma a noi suscita più pietà che ammirazione»[2].

Uno che conosce bene l'uomo forte del Cremlino è Garri Kasparov, principale avversario del leader post sovietico. Afferma l'ex campione del mondo di scacchi:

«Putin non è nel suo intimo un dittatore. È un oligarca. Vuole governare come Stalin e vivere come Abramovič»[3].

Considerando che l'ex spia del Kgb ha fatto della lotta agli oligarchi (*rectius*, quelli a lui avversi) uno dei suoi segni distintivi, definirlo oligarca è certo più insultante che chiamarlo bolscevico.

L'ex tenente colonnello del Kgb è sulla scena pubblica dal 1999. Lo si può considerare il frutto di due terribili eredità di quelle terre: lo zarismo e lo stalinismo. La sua parabola politica si racchiude in due frasi. «Inseguiremo i terroristi fin nella tazza del cesso», fu il suo biglietto da visita rivolto ai ceceni, appena diventato primo ministro. La seconda frase simbolo Putin l'ha pronunciata in televisione poco prima delle elezioni politiche russe del 2007, puntando il dito contro i coraggiosi difensori dei diritti civili in Russia:

> «Nel nostro paese ci sono persone che sembrano degli sciacalli che, davanti alle ambasciate straniere, contano sul supporto dei fondi esteri per indebolire la Russia».

C'è tutto il Putin degli ultimi anni in queste poche parole. Quello che non si confronta con gli oppositori in campagna elettorale perché non li ritiene degni. Quello che prima contingenta le manifestazioni dell'opposizione e poi le fa caricare dalle forze speciali. Quello che parla di intelligenza col nemico come faceva un nostro «statista» settant'anni fa. Quello che ha chiuso la parabola del nazionalismo rinfocolando il ruolo della Russia nel mondo. Un ruolo da ottenere non grazie a un modello economico o culturale da esportare. Ma da estorcere col ricatto energetico, per mettere a tacere (col gas e il petrolio) gran parte delle democrazie europee, compresa quella italiana. Un ruolo da conquistare, quando necessario, anche coi Mig e con i Kalashnikov come dimostra la spropositata reazione, nel 2008, alle avventate mosse georgiane in Ossezia del Sud.

Per spiegare perché i russi seguano un personaggio del genere, occorre forse risalire ai tempi dell'Urss. Secondo un politologo italiano, Alessandro Amadori, la necessità di avere un capo, un leader, risale invece molto più indietro nel tempo:

> «È probabile che la chiave della risposta stia nell'etologia umana, nel nostro codice genetico. Ominidi a noi simili sono comparsi almeno 700 mila anni fa. Allora come oggi eravamo (e siamo) creature fisicamente deboli, costrette - per sopravvivere - ad aggregarsi in branchi prima, e tribù dopo, guidate da un capo e ad ascoltare con grande attenzione le indicazioni appunto del "capo". Il leaderismo, e soprattutto la tendenza ad accettarlo, a diventarne consapevolmente partecipi, è un tratto tipico della struttura di personalità umana.
> Per questo la democrazia all'*ateniese* è tanto fragile: centinaia di migliaia di anni di storia evolutiva non si cancellano in due migliaia di anni di civilizzazione. E ancora oggi, infatti, quando ci imbattia-

mo in un "capo" che faccia risuonare in noi il ricordo ancestrale della lotta per la sopravvivenza nella foresta, tendiamo a cedergli consenzientemente il potere. Tutto il potere nelle sue mani, anche a costo di correre qualche rischio. E lo facciamo tanto più volentieri quanto più questo capo in fondo ci dice proprio le cose che vogliamo sentirci raccontare, quasi con le stesse parole che utilizziamo noi»[4].

14.
L'IDIOTA

Non si può infine tacere di un personaggio che la Politkovskaja detesta ancora più di Putin. È Ramzan Kadyrov, figlio di Achmad Kadyrov. Il padre, ex mufti ceceno entrato nelle grazie del Cremlino (che lo nomina colonnello dell'esercito russo) dopo aver tradito - nella seconda guerra - la resistenza anti russa, viene eletto presidente nel 2003 e ucciso un anno dopo in un plateale attentato allo stadio di Groznyj. Il figlio, che ai tempi era responsabile della sicurezza del padre (ma quel giorno, festa del 9 maggio, si trovava - e non si è mai saputo perché - a Mosca), ne prende di fatto il posto: prima con la carica di vice primo ministro, poi (morto misteriosamente il primo ministro), come premier e infine (a 31 anni) viene scelto[1] da Putin come presidente. Anna Politkovskaja critica duramente la decisione di nominare questo personaggio alla guida della Cecenia:

> «La promozione di Ramzan ci porta sull'orlo dell'abisso di Putin. Non è vero che Putin sa meglio di noi cosa fare, come dicono in Russia. Lo sa peggio. Qui sta la tragedia: un incompetente si è ritrovato per puro caso alla guida del paese, e per puro caso ha eletto alle massime cariche dello Stato personaggi altrettanto casuali e insignificanti».

Ramzan Kadyrov comunque ripaga la fiducia di Putin. Alle elezioni parlamentari del 2007 è in grado di far vincere anzi, stravincere il partito del presidente, Russia Unita, che in Cecenia conquista il 99,36% dei voti (col 99,5% di affluenza). Una condizione che ricorda la Corea del Nord dove, nel 2003, il Fronte democratico per la riunificazione della patria ha conquistato il 100% dei voti, col 99,9% dei votanti.

Kadyrov *junior* ha comunque una vera e propria infatuazione verso l'ex leader del Cremlino e arriva a dichiarare:

> «Nel Kazakistan, uno dei paesi più evoluti del mondo[2], il presidente può restare in carica per tutta la vita, ma non in Russia, non Putin, è incredibile!».

Sviolinate che gli consentono di continuare a guidare la piccola repubblica cecena malgrado sia accusato di aver comandato più che un servizio di sicurezza, un gruppo paramilitare assetato di sangue. Quest'esercito privato (i cui aderenti sono chiamati *Kadyrovtsy*, dal nome del loro leader) è stato accusato dall'Ong tedesca Gesellschaft für bedrohte Völker (Associazione per i popoli minacciati) di essere responsabile del 70% di tutti gli assassinii, stupri, rapimenti e casi di tortura in Cecenia.

Poco prima di morire la stessa Politkovskaja si stava occupando proprio di queste attività illegali delle milizie cecene filo russe. Dice a Radio Svodoba due giorni prima di essere assassinata:

> «Attualmente sulla mia scrivania ci sono due foto. Sto facendo delle indagini e so che si tratta di persone torturate nelle prigioni di Kadyrov, adesso e in precedenza. Sono persone rapite dagli uomini dei reparti speciali di Kadyrov per una ragione inspiegabile. Sono state eliminate solo per motivi pubblicitari. Lui appare in tv e dice che sono guerriglieri uccisi e non persone rapite. Kadyrov è lo Stalin dei nostri giorni, su questo non ci sono dubbi. Per il popolo ceceno è proprio così. Quando la gente parla pubblicamente, esprime solo ammirazione; quando si parla invece in segreto, a voce bassa, allora ti rispondono che lo odiano in maniera viscerale. C'è questo sdoppiamento nell'anima delle stesse persone. È una cosa molto pericolosa. Kadyrov è un vigliacco armato fino ai denti, circondato da guardie del corpo. Credo che non diventerà presidente della Cecenia. Il mio sogno personale il giorno del compleanno di Kadyrov è solo uno, ne parlo assolutamente sul serio. Mi auguro di vederlo seduto sul banco degli imputati in un processo severissimo,

con l'elenco di tutti i suoi crimini e indagini su tutte le uccisioni. Sono pronta a testimoniare contro di lui»[3].

Nonostante i sogni (infranti) della Politkovskaja, Kadyrov (che ha compiuto 30 anni due giorni prima dell'assassinio di Anna) invece è diventato presidente della Cecenia. Nessun tribunale russo o straniero sembra interessato alle attività sue e dei suoi uomini, di oggi come di ieri. Lei ovviamente non potrà più testimoniare ad alcun processo.

Del giovane politico ceceno, la Politkovskaja dà giudizi *tranchant*. Lo definisce uno «psicopatico e demente», «un idiota non in grado di mettere due parole in fila». E aggiunge:

> «Non solo Ramzan è privo del benché minimo barlume di attività celebrale, ma è soprattutto uomo di guerra e di terrore. Senza i quali, e senza il caos che li accompagna, non ha niente da fare. L'illegalità è il suo pane».

Un giudizio condiviso da Malik Sajudallaev, oppositore ceceno al quale è stato impedito di presentarsi alle elezioni per un vizio di forma[4]:

> «Kadyrov? L'unica cosa seria è la sua fedina penale. Per il resto è un analfabeta, non ha fatto nemmeno le scuole elementari».

Sull'ignoranza del giovane leader ceceno (che misteriosamente è anche membro dell'Accademia russa di scienze naturali) la Politkovskaja torna a scrivere nel suo *Diario*:

> «È privo della benché minima istruzione. Però ha i gradi di capitano di polizia, che non si sa come gli siano stati conferiti, non essendo Ramzan né poliziotto, né diplomato (requisito necessario per i graduati). Inoltre, pur essendo capitano, è autorizzato a comandare colonnelli e generali. E quelli gli obbediscono? Perché? Perché sanno che è il favorito di Putin».

Il pupillo del leader russo ha stabilito la sua residenza nel suo villaggio natale, Centoroj, dove vive circondato dalla sua milizia e dove verrebbero portati gli arrestati per gli interrogatori:

«A Centoroj, sostiene la Politkovskaja, la legge non vale. Così ha deciso Putin: le leggi degli altri non valgono per Ramzan, a cui tutto è permesso e che ha metodi suoi per combattere i terroristi. Di fatto Ramzan non combatte un bel niente: ruba e ricatta e lo fa passare per "lotta al terrorismo". E di fatto la capitale della Cecenia si è trasferita nella tenuta di Ramzan a Centoroj. Lì si presentano - a omaggiare lui e la sua faccia da idiota degenerato - tutti i funzionari del paese»

Cosa sia diventata la Cecenia nel 2008, a due anni dall'omicidio di Anna, lo descrive il «Magazine del Corriere della sera»:

«A Gudermes, che dista 40 chilometri da Groznyj, nella nuova proprietà di Kadyrov ci sono una sala da bowling ultimo grido, un lago artificiale, un ippodromo da 11 milioni di euro e un piccolo zoo con orsi, leoni, una tigre... Ma anche parecchi cani da combattimento, la passione del presidente. Il preferito è Barza che, secondo il suo padrone, "è il migliore e non ha mai perso un combattimento". Nel garage sono decine le auto di lusso: Bmw, Mercedes, Porche, Bentley. Non lontano dallo zoo è stata costruita la più grande sala per spettacoli privati del paese. Può accogliere fino a 1.500 persone»[5].

Centrale nei rapporti tra la Politkovskaja e Kadyrov (che ha più volte minacciato Anna di morte) è l'unica intervista che l'attuale presidente ceceno le rilascia e che lei pubblica integralmente, senza apporvi miglioramenti:

«*Come vede se stesso? Qual è il lato forte del suo carattere?*
In che senso? Non capisco la domanda.
Qual è il suo lato forte e qual è quello debole?
Io non mi vedo debole. Sono forte.
Qual è la cosa che le piace fare?
Combattere. Sono un guerriero.
E quando non ci sarà più nessuno con cui combattere?
Possiedo api, cani da combattimento.
Cos'altro le piace?
Fare festa. Amo le donne.
Non ha niente in contrario sua moglie?
Lo faccio di nascosto.
Che titolo di studio ha?
Laurea in Legge. Sto per finire. Sto dando gli esami.
Quali?
Come sarebbe quali? Gli esami...

In che università si sta laureando?
A Gudermes. È una sede distaccata dell'Istituto di economia di Mosca. Di giurisprudenza, anzi.
In che cosa si specializza?
Sono avvocato.
Penalista? Civilista?
Non me lo ricordo. Me l'ero scritto su un foglio, ma non me lo ricordo. Ho troppe cose da fare».

Quando Anna è stata assassinata, qualcuno ha pensato anche a questa surreale intervista che Kadyrov aveva, diciamo così, poco apprezzato:

> «Trovo inaccettabile il comportamento di questa giornalista! Non sa che la funzione di chi intervista è far fare bella figura all'intervistato?».

No, Anna questa «regola» non la sapeva. E anche se la sapeva, preferiva ignorarla.

Qualche mese dopo l'omicidio di Anna, il giovane Kadyrov viene avvicinato da Asne Seierstad, giornalista norvegese che gli chiede conto proprio dell'omicidio della Politkovskaja[6]:

«*È stato fatto il suo nome anche come uno dei possibili mandanti dell'assassinio di Anna Politkovskaja. Il suo ultimo articolo riguardava per l'appunto i soprusi che avvengono contro la popolazione cecena. Alzando gli occhi al cielo il presidente mi sorride. Si gira con fare da macho verso il primo ministro che siede a gambe incrociate su una sedia accanto al grande tavolo di mogano.*
Noi non uccidiamo le donne, noi le amiamo!
La risata rimbomba. Finisce di ridere. Il primo ministro siede con aria imperturbabile. Poi il volto del giovane presidente diventa serio.
Anna Politkovskaja è una donna, è prima di tutto una donna, e credo che la gente sappia che io non sono capace di uccidere una donna.
Rimango seduta senza dire una parola. A volte il silenzio è l'arma migliore in un'intervista, in grado di far continuare la gente a parlare. Ma non ora. Era una delle persone più critiche nei suoi confronti...
Non aveva nessun motivo per accusarmi! È venuta qui a inventarsi le cose. Scriveva sempre contro di me. Sempre! *Picchia il pugno sul tavolo.* Se piaci a una donna come quella, allora sì che devi stare attento. Se invece è arrabbiata, è un buon segno, significa che tu come uomo sei sulla strada giusta! È stata usata da altri, ma lei non

l'ha capito. Lo sapevano tutti. Quelli per cui lavorava l'hanno uccisa per incolpare me. Glielo giuro, non mi sono mai curato di ciò che scriveva. È una donna, avrebbe dovuto starsene in cucina, e poi cosa avrebbe potuto fare contro di me? Niente. Se avessi paura di qualcosa o di qualcuno, sarei rimasto con mia madre, ma io so che Allah esiste, il resto sono soltanto stupidaggini e maldicenze! *Erunda i kleveta*! Idiozie e oltraggi! *Davaj*! Figuriamoci! È stata uccisa perché nessun altro si potesse servire di lei, e lo stesso vale per Litvinenko. Basta chiedere a Berezovskij[7] è lui che li ha uccisi entrambi. Li conosceva. Li ha liquidati e adesso loro dicono che è stato Kadyrov! *Davaj*! Figuriamoci! L'ho incontrata e le ho detto che la gente leggeva i suoi articoli come si fa con le favole. No, avrebbe dovuto occuparsi del "governo" della casa"»[8].

Dopo tutte queste imbarazzanti interviste, qualcuno a Mosca avrà pensato per Kadyrov quel che l'ex primo ministro della Mongolia, Elbegdorj Tsahkia, andava affermando a proposito di Gengis Khan: «In realtà non era cattivo: ha soltanto avuto cattiva stampa».

Ramzan Kadyrov comunque indica in Berezovskij (magnate russo accusato anche di aver provocato la seconda guerra inducendo i guerriglieri ceceni a invadere il Daghestan) il possibile mandante dell'omicidio della Politkovskaja (che, comunque, come ha più volte ribadito, «doveva restare a casa a far la massaia»[9]).

Una tesi questa del mandante straniero suggerita anche da Putin che a tre giorni dall'omicidio di Anna invitava la Procura generale a cercare il mandante fuori dai confini patri, tra le «forze che si trovano all'estero e sono interessate a destabilizzare la situazione in Russia». Sono quelle che una volta i leader bolscevichi chiamavano «centri dell'emigrazione controrivoluzionaria». Dice Vladimir Putin:

> «Possediamo informazioni solide e affidabili che soggetti che si nascondono alla giustizia russa avrebbero unito il proposito di utilizzare qualcuno come vittima per creare un'ondata di risentimento antirussa nel mondo».

Parole cui fanno immediato seguito quelle di Jurij Chajka, procuratore generale, già ministro putiniano della giustizia, che nell'agosto 2007 (annunciando alla stampa 10 arresti per l'omicidio Politkovskaja), spiega, in chiave più politica che giuridica, come i mandanti non possano essere russi:

> «Le indagini hanno rilevato che solo persone non residenti nella Federazione Russa potevano avere interesse a uccidere Anna Politkovskaja. La sua morte favorisce soltanto chi vuole destabilizzare il nostro paese, cambiare l'ordine costituito e portare il paese alla crisi, chi vuole tornare al passato, quando comandavano denaro e oligarchi, chi vuole screditare il ruolo del leader della Russia»[10].

Una tesi cui controbatte a più riprese la «Novaya Gazeta», il giornale per cui lavorava Anna:

> «Di quelle "forze" si conosce il cognome. L'assistente del presidente Šuvalov ne ha parlato in modo più trasparente, e neanche il presidente ceceno Kadyrov ne ha fatto mistero: Berezovskij. (Né Šuvalov, né Kadyrov sono stati ancora interrogati, anche se dovrebbero esserlo d'ufficio, visto che sanno qualcosa). Non escludiamo la possibilità di un coinvolgimento degli "oligarchi fuggiaschi", come di tutta una serie di altri personaggi: ci sono diverse ipotesi sul mandante dell'omicidio della Politkovskaja; noi per esempio abbiamo l'impressione che non abbia lasciato la Russia. Ma parlarne è prematuro: vorremmo disporre di prove inconfutabili. E sarebbe meglio porre fine alle speculazioni sul mandante: finché da un lato le indagini sono circondate da giochi politici e mosse propagandistiche, e dall'altro gli ufficiali corrotti dei servizi e delle forze dell'ordine mettono in atto i loro depistaggi, non ci sono garanzie che i nomi dei reali mandanti finiscano sotto processo».

Kadyrov non andrà però in tribunale. Né come imputato, come sperava la Politkovskaja (e noi con lei). Né come testimone, come si augura la «Novaya», e come viene ripetutamente e inutilmente richiesto al processo da Karima Moskalenko, uno dei legali della famiglia di Anna, visto che compare spesso nei verbali degli investigatori (che si guarderanno comunque bene dal sentirlo anche solo come persona informata dei fatti).

Ramzan prosegue la sua vita. Gioca coi suoi cani e, circondato da decine di guardie del corpo, insegue le gonne delle ragazze. Il tutto, ovviamente lontano dagli occhi della moglie.

15.
ADDIO ANNA

Funziona così:
la stampa si divide in chi è per la Russia
e chi non è con la Russia.
Se sei per la Russia dopo 5 o 6 anni ti fanno deputato.
Se non sei per la Russia non devi fare il giornalista. Punto.
La tua è propaganda contro lo Stato. Punto.
La propaganda contro lo Stato si punisce.
Con la morte.
Punto.[1]

Sabato 7 ottobre 2006, giorno del cinquantaquattresimo compleanno di Vladimir Putin, Anna stava proprio facendo la massaia, come piaceva a Kadyrov. Anzi, la Politkovskaja - come tante donne moderne - stava facendo la spesa dopo una giornata di lavoro.

> «Non aveva una scorta, ricorda Fabrizio Dragosei, perché in questo paese con i gipponi inzeppati di agenti speciali armati fino ai denti, girano solo gli uomini del potere e gli oligarchi che hanno quattrini da spendere»[2].

Ha parcheggiato la sua vecchia Žigulì[3] di fronte al suo condominio di via Lesnaja 8/12, in pieno centro di Mosca e ha digitato il codice per aprire la porta d'ingresso. La spesa era tanta e l'ha obbligata a fare due giri. Durante il secondo viaggio, non appena le porte dell'ascensore si sono aperte, l'assassino le ha scaricato cinque colpi: tre al petto (due dei quali la colpiscono al cuore) e due alla testa. L'ultimo è quello di grazia, quello che a Mosca chiamano *kontrolnij* di controllo, sparato per esser certi che la giornalista non potesse più uscire viva da quell'ascensore. Non a caso sulla tomba della Politkovskaja (nel cimitero Troekurovskoje[4]) è stata posta una lapide con un foglio bianco di pietra, violato da cinque colpi di pistola.

Le immagini delle telecamere di sorveglianza, mostrate al processo moscovita, dicono che il killer ha impiegato solo 24 secondi ad uccidere Anna. Secondo il racconto fatto alla corte militare dai figli della giornalista, Il'ja e Vera, la madre aveva segnalato nei giorni prima di morire strani movimenti di persone intorno al palazzo nel quale viveva. Ma, come ha spiegato il figlio Il'ja, era da cinque anni minacciata di morte e quindi era sempre in allerta. Era comunque più preoccupata per i figli che per se stessa, spiega Vera in aula:

> «Mi ha detto che le persone che aveva incontrato intorno al suo palazzo puzzavano di alcool ma non sembravano ubriaconi. Erano solo molto strani. Lei mi ha detto di stare attenta quando andavo a trovarla».

Il corpo di Anna viene scoperto prima da una ragazzina di 14 anni che sta andando a trovare un'amica e che, alla vista, fugge terrorizzata. Poi da una signora dell'ottavo piano. «Non ho riconosciuto subito Anna, dice all'«Izvestija» la pensionata. La testa era china sul petto e i suoi capelli le coprivano metà viso. La testa era sporca di sangue, ma mica tanto. Aveva anche una macchia sulla gamba... Volevo tastarle il polso, ma ho avuto paura. Ho chiamato mia figlia, e poi sono andata via, senno chiudevano i negozi e io dovevo fare la spesa». Dice la figlia Tat'jana: «Vicino al suo corpo ho visto una piccola pistola con il silenziatore».

La pistola è una Makarov 9 mm, in uso alle forze armate russe. L'averla lasciata accanto al corpo è un segnale di sfrontatezza ma è soprattutto un messaggio per i mandanti: missione compiuta, ora pagatemi. Organizzare un delitto come questo deve essere costato molte persone e molti soldi. I killer non fanno volontariato, non si muovono gratis. Se sparano in pieno giorno a Mosca (città presidiata da migliaia di poliziotti e di agenti dei servizi segreti) cinque colpi, a volto scoperto, è perché qualcuno li ha rassicurati sull'impunità del gesto.

Una vicina della Politkovskaja, sempre intervistata dall'«Izvestija» ha notato nel pomeriggio del 7 ottobre un gruppetto di persone intorno al palazzo:

> «Tornavo dall'università intorno alle 16. All'improvviso vedo una ragazza sui 20-25 anni, apparentemente slava, come noi: sta davanti all'ingresso del condominio e tiene aperta la porta con un piede. Le nostre porte sono protette da un codice, la serratura si apre se digiti quello giusto. Mi sono insospettita: la ragazza non è delle nostre parti. Sarà stata ferma cosi dieci minuti, si guardava sempre attorno, poi le si sono avvicinati due uomini. Anche loro non li ho mai visti da queste parti. Lei li ha fatti passare e poi è entrata per ultima. Ho raccontato tutto alla polizia, mi hanno fatto vedere dei fotogrammi ripresi dalle telecamere di questa gente, li ho riconosciuti per i vestiti, ma le facce nel video non si vedevano proprio».

Così scriveva Anna Politkovskaja:

> «In Cecenia siamo caduti in un buco nero, abbiamo allevato una tale quantità di assassini cinici da coprire l'intero fabbisogno di killer a pagamento del pianeta. Mi assumo la responsabilità delle mie parole: a dir poco una persona su due uccisa in Cecenia è un civile abbattuto in condizioni di giustizia sommaria. Ciò significa che migliaia di militari che hanno prestato servizio in Cecenia sono in realtà boia sistematici».

novella Cassandra, che icasticamente aggiungeva:

> «È facile cominciare una guerra, quasi impossibile eliminare tutti i mostri che ha creato».

Purtroppo, quei mostri, quegli assassini cinici allevati nel Caucaso sono arrivati fino a via Lesnaja a Mosca, fino al suo ascensore, con una pistola. Per metterla a tacere. Per conto di chi temo non lo sapremo mai. O forse tra un secolo, quando verranno resi noti gli archivi dei servizi segreti putiniani e ceceni dei primi anni del secondo millennio.

Anna si aspettava di morire, sapeva quanto rischiava, come racconta Anna Raffetto, editor torinese che si è occupata per l'Adelphi dei libri di Anna:

> «Quando ci siamo conosciute mi aveva raccontato delle precauzioni quotidiane che prendeva: ogni mattina nel garage esaminava il fondo dell'automobile per vedere se non fosse stato piazzato un ordigno, limitava al massimo i contatti, stava molto attenta alle persone che veniva a conoscere»[5].

Aveva anche cambiato casa per il timore che un attentato potesse coinvolgere anche i suoi figli. Poco prima di essere uccisa, sua figlia, Vera, le aveva confidato che presto sarebbe diventata nonna di una bella bambina. È nata dopo la morte della grande giornalista, della quale porta però il nome, assieme a un auspicio: Anna Viktorija.

Anna Politkovskaja era comunque ormai diventata un bersaglio mobile. Una sensazione di ineluttabilità che Adriano Sofri legge in questo modo:

> «C'è una soglia oltre la quale non c'è più il rischio ma la certezza che la vita è spacciata. Questione di tempo. E di luogo. Ogni giorno trascorso in quella Cecenia è strappato all'azzardo, e lei è tornata in Cecenia ogni mese a partire dal luglio 1999, dall'inizio della seconda e mai finita guerra - seconda in un pugno di anni. E tuttavia è probabile che sentisse che la morte, dopo averla risparmiata capricciosamente in quel fazzoletto di terra martoriato e percorso da capo a fondo, l'aspettasse in un angolo di strada moscovita, dentro l'ascensore di casa sua. (...) Nei suoi racconti, anche dove non c'è, com'è a volte inevitabile, la descrizione del pericolo estremo condiviso, si capisce che la questione del pericolo è stata accantonata, non si pone neanche più. Deve essere così la differenza tra guardare il vuoto da un cornicione e lasciarsi andare»[6].

Anna è stata uccisa perché giornalista. Questo è l'unico dato certo. Il fatto che una voce critica verso il regime, che una donna forte solo delle sue denunce e dei suoi reportage, venga assassinata non depone a favore di quel regime.

Di qualunque regime, come ricorda uno dei più validi romanzieri post sovietici, Jurij Družnikov:

> «Uno Stato che è capace di distruggere il mondo intero ha paura di una singola persona che si limita a muovere la penna: quando non ne possono più di vedersi svolazzare delle piccole ali davanti agli occhi, prendono la farfalla, la infilzano su uno spillo e la nascondono in scatola»[7].

Il giorno dopo l'assassinio della Politkovskaja, l'analisi più toccante è stata forse quella di Astrit Dakli. *Faccio persino fatica a scriverlo*, ma è stata pubblicata su un quotidiano che orgogliosamente si definisce ancora comunista:

> «Non è difficile uccidere dei giornalisti. Fanno un mestiere che li espone all'odio e circolano indifesi. Si può perfino usare la loro uccisione per fare un regalo di compleanno, come quello che Vladimir Putin ha ricevuto ieri per i suoi 54 anni: la testa di Anna Politkovskaja, la più feroce critica del suo regime. Forse è un regalo avvelenato, che se lo sia ordinato da solo o che gli sia stato fatto da altri: tutti attribuiranno comunque al presidente russo la responsabilità di questo assassinio e non è gradevole neppure per un ex agente del Kgb vedere la propria firma messa in calce a un omicidio illustre, anche se in Russia uccidere giornalisti scomodi è ormai una tradizione. Poco cambia se, come è probabile, l'ideazione e l'attuazione di questo delitto vengono dalle alte sfere delle forze armate (di cui Anna Politkovskaja ha troppe volte messo a nudo la ferocia, l'incompetenza e l'avidità di denaro e di potere) più che direttamente dal Cremlino. Non è stato certo difficile uccidere questa giornalista. Sparare nell'ascensore di casa sua a una donna priva di ogni difesa è un gioco da ragazzi; quanto all'inchiesta, già il fatto che l'omicida non abbia avuto problemi a lasciar sul posto pistola e cartucce e a farsi vedere da alcuni testimoni fa capire che essa non andrà lontano. Del resto, non ci sarà un'ondata di indignazione per questo omicidio. Chi denuncia le malefatte dei militari in Cecenia o le collusioni tra mafiosi, giudici e politici non è molto popolare: è solo un "rompicazzo", come Anna veniva elegantemente definita. Qualcuno vuol scommettere sugli esiti di questa inchiesta? Non è mai difficile uccidere dei giornalisti, soprattutto se sono persone libere, che vogliono fare il loro mestiere fino in fondo e raccontare le cose che il potere - quello dei grandi boss mondiali come quello dei piccoli boss di quartiere - vuole invece tenere nascoste»[8].

Purtroppo, Dakli ha facilmente vinto la scommessa. Nell'estate del 2008 è stata chiusa l'inchiesta della giustizia russa. Il processo ha inizio a novembre del 2008: alla sbarra non compaiono né l'esecutore materiale del delitto (latitante, grazie a sapienti fughe di notizie), né il mandante (probabilmente mai cercato). A essere processati per l'omicidio sono solo quattro pesci piccoli: un ex poliziotto, già maggiore del ministero dell'Interno russo Sergej Khadžikurbanov (condannato nel 2003 per aver tentato di incastrare un presunto boss mafioso facendogli trovare addosso un chilo di eroina) e i fratelli (ceceni) Džabrail e Ibragim Makhmudov. Autore materiale del delitto sarebbe un terzo fratello Makhmudov (Rustam, il maggiore dei tre, latitante), anch'egli ovviamente ceceno. Secondo Sergej Sokolov, caporedattore della «Novaya Gazeta» che ha svolto un'indagine parallela sull'omicidio, uno dei due fratelli ceceni imputati (Džabrail) sarebbe stato un agente segreto dell'Fsb. Un accusa respinta dall'uomo durante il processo, durante il quale la prova del Dna sulle tracce trovate nel luogo del crimine avrebbe anche dimostrato l'estraneità degli imputati. La procura sospetta anche il coinvolgimento dello zio dei tre ceceni, Lom-Ali Gaitukajev, al processo sentito in realtà inizialmente come testimone.

Un altro agente russo l'ex sottocolonnello dei Servizi di sicurezza Pavel Rjazugov viene invece dapprima arrestato per l'omicidio ma poi processato, a parte, solo per abuso d'ufficio. Secondo la procura, il killer ceceno (accompagnato dai fratelli che avrebbero fatto da autista e da palo) sarebbe stato aiutato dal poliziotto e dall'agente segreto che avrebbero fornito il nuovo indirizzo della giornalista e informazioni sulla vita di Anna. Il tutto per 10 mila dollari, anche se un testimone al processo ha parlato di un compenso di 2 milioni di dollari che sarebbe stato pagato al gruppo di fuoco per uccidere la scomoda giornalista.

Gli imputati ceceni sono membri di un gruppo, tristemente noto, specializzato in omicidi su commissione. La stessa banda (Lasanskij, prende il nome dal ristorante dove si riunisce[9]) sarebbe coinvolta nell'uccisione (sempre in combutta con ufficiali dei servizi segreti russi, più o meno deviati) di Paul Chlebnikov, il direttore dell'edizione russa di «Forbes»[10]. Anche il processo per l'omicidio di questo notissimo giornalista (avvenuto il 9 luglio del 2004 a Mosca) si è concluso con un nulla di fatto. E alla sbarra anche quella volta c'erano solo i killer ceceni, finiti peraltro tutti assolti.

Il processo per l'omicidio di Anna è stato affidato a un tribunale militare per la presenza di ex agenti segreti e perché molti documenti forniti dal servizi segreti e dal ministero dell'Interno russo hanno la clausola di segretezza. Si prova in tutti i modi a tenere il dibattimento a porte chiuse[11], forse per non turbare l'opinione pubblica, e soprattutto chi sta al potere. Il giudice cui viene affidato il caso, Evgenij Zubov, afferma che la richiesta di segretezza della udienze è stata richiesta da alcuni dei dodici giurati ma, clamorosamente, questi lo smentiscono. Anzi, uno di loro, Evgenij Kolesov, si fa intervistare da una delle poche radio indipendenti in Russia - l'Echo Moskvy - e racconta le pressioni subite:

> «Il 19 novembre è entrata più volte nell'aula della giuria la segretaria del tribunale, chiedendo ai giurati di trattenersi lì, in quanto nell'aula c'erano "molti giornalisti" che "avrebbero disturbato". Poi la segretaria ha portato un modulo da firmare, nel quale c'era scritto che eravamo contrari alla presenza perché abbiamo paura. Nessuno di noi ha firmato questo comunicato. Abbiamo detto che ci avremmo pensato su, che avremmo visto come andavano le cose. Il processo sarebbe iniziato con la stampa e poi avremmo deciso come regolarci. Avevamo detto no alle telecamere, ma non abbiamo mai deciso l'esclusione della stampa»[12].

Un'intervista coraggiosa che sarebbe piaciuta alla Politkovskaja. E che ha portato (oltre all'allontanamento del giurato[13]) al repentino dietrofront del giudice costretto a tenere aperte le porte dell'aula durante il dibattimenti anche ai (pericolosi?) giornalisti[14].

Questo giudice militare, Evgenij Zubov, si è già distinto nel passato per la sua splendida condotta nel processo per l'omicidio di un altro giornalista Dmitrij Cholodov (scriveva di ufficiali dell'esercito e delle loro magagne per il Moskovskij Komsomolets) ucciso da una bomba a soli 27 anni, il 17 ottobre 1994. Durante le udienze questo simpatico magistrato consentiva alle due teste di cuoio imputate di comportarsi in maniera arrogante; fumava e ridacchiava insieme a loro. Inutile dire che tutti i sei imputati sono stati mandati assolti e che il delitto è rimasto insoluto.

Il processo Politkovskaja ha comunque tante ombre oscure. Nell'autunno del 2008 Karina Moskalenko, una dei legali della famiglia e leader nella difesa dei diritti civili in

Russia, denuncia di essere stata avvelenata col mercurio. Accade a Strasburgo e la Moskalenko è costretta ad andare in ospedale anziché a Mosca dove avrebbe dovuto seguire, come parte civile, l'apertura del processo contro gli assassini della Politkovskaja. L'avvelenamento sarebbe avvenuto col mercurio. Scelgono sostanze sempre diverse gli agenti ex sovietici incaricati di eliminare gli oppositori: il polonio per Litvinenko, la diossina per l'allora candidato presidente ucraino (filo occidentale) Viktor Juščenko, mentre rimarrà per sempre ignota la sostanza sciolta nel tè offerto ad Anna nel suo (abortito) viaggio verso Beslan, verso la scuola assalita dai terroristi prima e dalle forze speciali poi.

Al di là delle vicissitudini giudiziarie (che dimostrano una volta di più di quanto manchi in Russia una reale separazione dei poteri), la «Novaya Gazeta» ricostruisce così la genesi del delitto della sua migliore inviata:

> «Probabilmente gli intermediari ricevettero l'ordine nella primavera-estate del 2006; cominciarono a seguire da vicino la Politkovskaja all'inizio di ottobre e prima di allora ricorsero ai mezzi dei servizi speciali per stabilire il suo vero indirizzo (aveva traslocato da poco nell'appartamento sulla Lesnaja). Sorvegliarono dal mattino alla sera la sua auto e l'ingresso della sua casa. Generalmente, tenendo conto di tutte le minacce esplicite o velate che riceveva, Anna era molto prudente: informava sempre la redazione di tutte le "stranezze" che succedevano a lei e ai suoi familiari. Ma alla fine di agosto e in settembre non è stato così: sua madre era ricoverata all'ospedale, c'erano stati i funerali di suo padre, e il percorso di Anna, diversamente da quello dei giorni di lavoro, era praticamente sempre lo stesso. La mattina portava fuori il cane, poi andava a fare la spesa e a trovare sua madre, il pomeriggio rincasava, portava fuori il cane, verso sera tornava all'ospedale. Quando ci sono problemi con le persone care si presta meno attenzione a se stessi. Sebbene Anna si fosse lasciata sfuggire un accenno alla gente strana che incrociava sulle scale di casa».

Anche sul movente, la «Novaya» invita ad avere cautela:

> «Per quanto riguarda i tempi, ricordiamo che Anna Politkovskaja aveva pubblicato sulla "Novaya" più di 500 articoli. Quasi ciascuno

di essi può fornire una causa o un movente. E non si tratta solo di servizi legati alla Cecenia, perché la geografia si amplia fino a includere il Daghestan, l'Inguscezia, la Kabardino-Balkaria, Astrachan', la Baškirija, San Pietroburgo, Mosca... Tutto il resto è quello da cui siamo partiti: l'assoluta incontrollabilità e corruzione delle forze dell'ordine e dei servizi speciali»[15].

Le preoccupazioni dei colleghi e degli amici di Anna sulla serietà della giustizia russa si concretizzano in una fredda mattina dell'inverno 2009. Il 19 febbraio, la corte manda assolti tutti gli imputati che escono dalle gabbie sorridendo e ringraziando Allah. Nemmeno i pesci piccoli finiti nella discutibile rete della giustizia russa sono chiamati a pagare per quei cinque colpi di pistola che hanno spento la vita di Anna.

Nel mondo c'è un'ondata di indignazione che non tocca ovviamente la diplomazia italiana, impegnata a tenere buoni rapporti con Putin. Lo dice a chiare lettere, dopo la clamorosa assoluzione, il ministro degli Esteri, Franco Frattini:

«Quando Berlusconi sente Putin gli parla come a un amico sincero, e quindi gli esprime la sua preoccupazione. La differenza è che noi non vogliamo creare un antagonismo pubblico, non è mettendo pubblicamente all'indice la Russia che il problema si risolve. Noi continueremo a svolgere un'azione di persuasione e di convincimento, ma senza clamore perché questo otterrebbe un effetto contrario a quello desiderato»[16].

Posto che i giornalisti continuano a morire come mosche nella Russia di Putin, non si capisce, in questa strategia dell'*appeasement* della Farnesina berlusconiana, quale sia l'«effetto contrario» che si teme di scatenare con prese di posizione pubbliche. Ma forse, non essendo amici di Putin ma colleghi della Politkovskaja, sono riflessioni troppo profonde, che non siamo in grado di afferrare.

A Mosca in ogni caso si corre ai ripari o almeno si mostra di farlo. La Procura annuncia una nuova inchiesta. Un modo tipicamente sovietico per creare illusioni, per tranquillizzare i concittadini russi e le cancellerie occidentali. La prima inchiesta, piena di errori e omissioni, è destinata a influenzare negativamente qualunque procedimento giudiziario.

Anna comunque, con questa assoluzione è stata condannata a morte una seconda volta. D'altronde, il suo omicidio rappresenta un monito per tutti altri giornalisti, costretti al silenzio. «Preferisco essere sostenuto dalla paura che dalle convinzioni, perché le convinzioni cambiano», diceva il compagno Stalin. Nella guerra contro la Georgia, una delle poche case che i Mig russi si sono ben guardati dal bombardare, a Gori, è stata proprio la sua, trasformata in Museo. A Mosca, per qualcuno il «baffone» rappresenta ancora un simbolo da proteggere.

16.
UN ALBERO PER ANNA

«Morta per aver detto la verità, morta per aver difeso le minoranze. Morta nel silenzio, un silenzio che urla, un silenzio imbarazzante».
«Forse siamo in pochi ma con la memoria lunga».
«Anna non va dimenticata! Il 7 ottobre è una data importante per la storia dell'ormai "finta democrazia" nella nostra controllatissima e spiatissima Europa».
«Noi non la dimentichiamo! ».
«Sono contento di aderire a "un albero per Anna" con la speranza che esempi di grande coraggio e bontà come lei non siano solo un ricordo del passato ma luce per le nuove generazioni».
«Il libro di Anna *Cecenia* dovrebbe essere una lettura obbligata non solo per tutti gli aspiranti giornalisti, ma anche per ogni parlamentare».
«Aderisco anch'io all'iniziativa per coloro che coraggiosamente credono e difendono la dignità umana. Col cuore».
«Con la presente chiedo al Sindaco Moratti di dedicare alla giornalista Anna Politkovskaja assassinata perché scriveva di verità scomode, un albero all'interno del Giardino dei Giusti».
«Aderisco per educarmi alla responsabilità contro l'indifferenza».
«Aderisco alla sottoscrizione con il fine di poter ricordare una voce libera e indipendente, sempre dedita alla ricerca della verità. Un grande esempio per le generazioni a venire».

Sono solo alcuni dei numerosi messaggi arrivati nelle due caselle e-mail che ho aperto in seguito alla morte della Politkovskaja.

Dopo l'omicidio di Anna, la coraggiosa giornalista russa che si è opposta al regime di Putin, insieme con alcuni amici ho infatti lanciato un appello online perché la data dell'assassinio, 7 ottobre, diventasse un'occasione per non dimenticare quanto accade oltre il muro di Schengen. Le adesioni sono state moltissime e nel 2007 in Italia si sono registrate molte manifestazioni di commemorazione. A Milano, un gruppo sorto spontaneamente ha organizzato, insieme all'Ordine dei giornalisti e a molte associazioni, un convegno al Circolo della stampa. Davanti a centinaia di persone (e tantissimi studenti delle scuole di giornalismo) parlamentari, studiosi e colleghi italiani e stranieri hanno ricordato la figura della Politkovskaja, i suoi insegnamenti, il suo coraggio.

A Roma, l'allora sindaco Walter Veltroni ha dedicato alla Politkovskaja un piazzale a Villa Pamphili. L'appello lanciato da André Glucksmann chiedeva in realtà di intitolare alla giornalista uccisa le strade dove hanno sede le rappresentanze diplomatiche russe. Invito provocatorio che, purtroppo, nessuno ha raccolto. Anche a Mosca (il 30 agosto 2008, data nella quale Anna avrebbe compiuto cinquanta anni) centinaia di persone si sono ritrovate in piazza Triumfalnaja per chiedere che alla Politkovskaja sia dedicata una strada centrale della città dove ha trovato la morte. Magari proprio via Lesnaja, dove è stata assassinata. Difficile che anche questa richiesta sia accolta.

Nel mio piccolo, per cercare di tenere viva la memoria di Anna, insieme a Gabriele Nissim (saggista, autore di *Una bambina contro Stalin*[1]) ho lanciato alla fine del 2007 un nuovo appello chiedendo che il Comune di Milano dedicasse alla collega russa un albero nel Giardino dei Giusti[180]. Anche in questo caso le adesioni sono state moltissime. Chi ha sottoscritto l'appello doveva indicare nome, cognome e professione (secondo una prassi dei movimenti democratici nell'Europa orientale). Pensavo che tra i firmatari, in base ai principi della colleganza, ci sarebbero stati per lo più giornalisti e invece le professioni rappresentate sono le più varie a dimostrazione che nell'immaginario collettivo di molti italiani, l'assassinio di Anna è qualcosa d'intollerabile e che sono molti quanti desiderano sia ricordata una donna che ha speso tutta se stessa nella lotta contro un regime illiberale.

Dal seme di quell'«albero per Anna» è nata l'associazione *Annaviva*, gruppo apartitico che si occupa dell'est Europa e vuole farlo nel nome e nel ricordo della grande giornalista russa. Obiettivo dell'associazione è appoggiare le iniziative per la diffusione, lo sviluppo e la tutela della democrazia e dei diritti umani nello spazio ex sovietico. L'associazione ha manifestato per la libertà in Bielorussia, contro l'invasione russa della Georgia, per ricordare Anna Politkovskaja, Jan Palach e il genocidio ceceno del 1944.

Annaviva è entrata in contatto con i giovani democratici e rivoluzionari che stanno cercando, a vent'anni dall'abbattimento del Muro di Berlino, di scardinare il sistema ideologico sovietico sopravvissuto alla morte del socialismo reale. Ex agenti dei servizi segreti ed ex gerarchi dei partiti comunisti (che ora si sono riciclati sventolando le bandiere del nazionalismo) sono nel mirino dei *movimenti arancioni* nell'area ex sovietica. Contro questi novelli zar, *Annaviva* si propone, in un paese come l'Italia, in cui la politica estera non è al centro dell'attenzione, di fare pressione su chi ci governa perché imposti le relazioni internazionali, anche sul rispetto dei diritti umani e non solo sugli interessi economici.

Per questo *Annaviva* (cui vanno i miei diritti per quest'opera che avete per le mani) vuole continuare a lanciare iniziative di sensibilizzazione e di mobilitazione. Con la convinzione che la politica estera si possa modificare anche dal basso, che ci si possa responsabilizzarsi anche solo rimanendo informati su quel che accade. Per questo è stato aperto un sito www.annaviva.com che annuncia le iniziative dell'associazione e soprattutto racconta quel che accade oltre la frontiera orientale dell'Unione europea.

Perché noi come cittadini, nel nostro piccolo, abbiamo qualcosa che è più forte di tutti i regimi, di tutti i dittatori: la memoria. Per questo è stato giusto ricordare Anna Politkovskaja nel Giardino dei Giusti di Milano[2]: l'albero, dopo un lungo e faticoso percorso, è stato finalmente piantato nel 2009.

> «Vogliamo ricordare una voce di libertà, una donna che ha scelto il Bene, impegnandosi sempre per la difesa dei diritti umani, che sono universali, e della libertà di stampa»,

ha detto il presidente del Consiglio comunale di Milano, Manfredi Palmeri, nelle motivazioni.

> «Anna Politkovskaja va ricordata per l'invalicabile forza della sua coscienza, del suo impegno sociale e civile, e questo in nessun modo verrà mai a mancare».

Questa invece la motivazione con la quale il sindaco di Brescia, Adriano Paroli, sempre nel 2009 ha annunciato la posa di un altro albero per la giornalista russa (sempre su richiesta di *Annaviva*).

Questi alberi per Anna possono sembrare piccoli gesti. Ma servono per non dimenticare lei e tutte quelle persone che mettono in gioco la loro vita solo per raccontare quel che accade. Non sono eroi, non sono eroine: sono persone che cercano di fare semplicemente quel che ritengono sia normale, sia inevitabile fare. Tutti noi, per non rendere vani i loro sforzi, dobbiamo mantenerne viva la memoria.

Come per Antonio Russo, collega di Radio Radicale, assassinato il 16 ottobre del 2000 in Georgia, mentre indagava sulle infiltrazioni islamiche nel movimento ceceno e soprattutto sui crimini commessi dall'esercito di Mosca. Le indagini non hanno portato a nessun risultato ma, come ricorda il direttore Massimo Bordin, il fatto che il corpo senza vita sia stato trovato a pochi metri da un posto di blocco russo, lascia pochi dubbi su quel che può essere accaduto. Anche se non avremo mai una soluzione giudiziaria del caso.

Sono moltissimi i giornalisti che hanno perso la vita in Russia da quando è finita l'Urss. Ne pubblico qui un elenco.

Le fonti che ho utilizzato sono varie: dal Committee for Protection of Journalist (Cpj) a Reporter sans frontières fino al sito francese «La Russophobe».

Adam Tepsurgaaev, 24 anni, cameraman ceceno che lavorava per la «Reuters», è stato ucciso vicino al villaggio ceceno di Alkhan-Kala, il 21 novembre 2000. Un portavoce del governo russo ha accusato la guerriglia cecena di averlo assassinato, ma gli abitanti del villaggio hanno spiegato che i miliziani non avevano motivo per ucciderlo. Aveva realizzato la maggior parte delle riprese del fronte ceceno durante la prima guerra, ma non lavorava da sei mesi.

Adlan Chasanov, 33 anni, cameraman dell'agenzia inglese «Reuters», è stato ucciso a Groznyj, il 9 maggio 2004, nell'attentato dinamitardo allo stadio della capitale cecena costato la vita all'allora presidente ceceno (filo russo) Achmad Kadyrov, padre dell'attuale presidente della Cecenia, Ramzan Kadyrov.

Aleksandr Efremov, 41 anni, fotografo del giornale siberiano «Nashe Vremya», ucciso in Cecenia mentre era su una jeep militare fatta saltare da una mina azionata a distanza il 12 maggio 2000. Insieme a lui sono morti due ufficiali di polizia. Era al suo terzo reportage ceceno.

Aleksandr Konovalenko, giornalista del quotidiano di Volgograd «Krestianoskoe Slovo», ucciso il 6 giugno 1995 mentre, in stato di fermo, era in una caserma di polizia.

Aleksandr Loskutov, giornalista del «Morskoi Sbomik», schiacciato da un carroarmato mentre realizzava un reportage in Cecenia, il 17 dicembre 1999.

Aleksandr Petrov, 31 anni, caporedattore della rivista «Right for Choice», ucciso vicino a Omsk, sua città natale, nella Repubblica di Altai, il 17 agosto 2006. Era insieme alla moglie Alena e i figli Nikita (7 anni) e Artem (3), quando è stato aggredito da un ragazzino, armato e drogato, che voleva rubare la Mitsubishi della famiglia. I quattro corpi senza vita saranno trovati nei boschi fuori Omsk. Per la strage sarà arrestato e condannato un sedicenne, condannato a 10 anni di prigione, il massimo della pena per un minorenne in Russia.

Aleksandr Piterskij, caporedattore e conduttore di Radio Baltika, di San Pietroburgo, ucciso nel suo appartamento il 31 agosto 2005. Le indagini a 360° non hanno portato ad alcun risultato.

Aleksandr Plotnikov, proprietario del giornale «Gostiny Dvor», della città di Tumen, Siberia, ucciso il 19 maggio 2002. Gli investigatori pensano che ad assassinarlo sia stato un killer professionista, forse per contrasti sul controllo del giornale.

Aleksandr Sidel'nikov, cameraman della Lennauchfilm Studio, ucciso il 4 ottobre 1993, nel corso degli scontri tra sostenitori e oppositori del presidente El'cyn intorno al Parlamento russo.

Aleksandr Smirnov, giornalista del «Molodyozhny Kuryer», ucciso il 4 ottobre 1993, durante gli scontri intorno al Parlamento russo.

Aleksej Sidorov, caporedattore del quotidiano di Togliattigrad «Tolyatinskoye Obozreniye», assassinato il 9 ottobre 2003. Due sconosciuti lo aggrediscono e colpiscono numerose volte con un'arma da taglio. Morirà tra le braccia della moglie. È il secondo caporedattore del «Tolyatinskoye Obozreniye» ucciso in pochi mesi. Indagava sulla corruzione nella pubblica amministrazione. Un uomo sarà dapprima arrestato e poi scagionato per questo omicidio.

Ali Astamirov, 34 anni, corrispondente della «France Presse» («Afp»), è stato rapito da uomini armati nella repubblica dell'Inguscezia (repubblica caucasica della Federazione Russa). L'uomo, sposato, con due figli, aveva lavorato anche per la tv di Groznyj. Aveva coperto giornalisticamente prima il conflitto ceceno poi l'odissea dei profughi. Dal giorno del rapimento se ne sono perse le tracce. Le indagini non hanno avuto alcun esito.

Anastasia Baburova, 25 anni, stagista e collaboratrice della «Novaya Gazeta», uccisa il 19 gennaio 2009 insieme all'avvocato Stanislav Markelov al termine di una conferenza stampa nella quale il legale aveva annunciato un ricorso internazionale contro la scarcerazione del colonnello Budanov, condannato a 10 anni di carcere per omicidio di una diciottenne cecena (e liberato dopo otto anni e mezzo, per buona condotta). La Baburova si era specializzata in inchieste sui gruppi neonazisti e razzisti, sempre più forti in Russia.

Anatolij Levin-Utkin, vice caporedattore del settimanale «Juridichesky Peterburg Segodnya», è stato picchiato a morte nel suo appartamento di San Pietroburgo dal quale è stata rubata anche la borsa che conteneva documenti su figure politiche e finanziarie locali, il 24 agosto 1998.

Anatolij Voronin, 55 anni, capo del settore commercio dell'agenzia «Itar-Tass», è stato trovato ucciso (a coltellate) nel suo appartamento di Mosca il 16 ottobre 2006. Lavorava alla «Tass» da 23 anni. Le indagini non hanno avuto esito.

Andrej Aizderdzis, editore del settimanale «Who's Who» e membro della Duma, è stato ucciso a Khimki (vicino a Mosca) mentre rientrava in casa. A colpirlo (alla gola) un cecchino il 26 aprile 1994. Pochi giorni prima il suo giornale aveva pubblicato l'elenco dei principali criminali russi.

Andrej Solov'ëv, fotografo di guerra dell'agenzia «Itar-Tass» morto il 27 settembre 1993. È stato ucciso da un cecchino mentre scattava foto durante l'assedio di Sukhumi, nella guerra d'indipendenza dell'Abkhazia. Aveva vinto il premio World Press Photo.

Andrew Shumack, freelance americano visto l'ultima volta a Groznyj il 28 luglio 1995. Il giornale in lingua inglese «The St. Petersburg Press» lo aveva accreditato presso le autorità cecene. Nessuno ha più avuto sue notizie.

Anton Kretenčuk, cameraman del canale 38th Tv, ucciso a Rostov sul Don il 25 giugno 2006.

Cynthia Elbaum, fotografa per «Time magazine», stata uccisa nel corso di bombardamenti russi contro Groznyj il 22 dicembre 1994.

Dmitrij Cholodov, giornalista investigativo del quotidiano «Moskovskij Komsomolets», è stato ucciso da una bomba nel suo ufficio di Mosca il 17 ottobre 1994. Di lui abbiamo parlato a proposito del giudice che presiede la corte del processo Politkovskaja.

Dmitrij Krikorjants, corrispondente per il settimanale moscovita «Expresskhronika» a Groznyj, il 14 aprile 1993 è stato ucciso da sconosciuti nel suo appartamento in Cecenia. Dopo avergli sparato, l'hanno anche sgozzato. Indagava sulla corruzione del governo ceceno.

Dmitrij Švets, 37 anni, vicedirettore del canale televisivo indipendente Tv21 della città di Murmansk (nord della Russia) dove è stato ucciso il 18 aprile 2003: uno sconosciuto gli ha sparato molti colpi di pistola fuori dal suo ufficio. L'uomo era noto in città anche per il suo impegno politico e per le sue attività economiche. Aveva più volte denunciato casi di corruzione di politici locali ed era stato ripetutamente minacciato di morte. Le indagini a 360° hanno portato zero risultati.

Eduard Markevič, 29 anni, direttore ed editore del «Novy Reft», quotidiano locale della città di Reftinsky, viene trovato morto, colpito alla schiena il 18 settembre 2001. Il suo giornale era spesso critico verso le autorità locali. L'uomo era già stato aggredito in casa tre anni prima da sconosciuti. Nei giorni precedenti l'omicidio, era stato illegalmente arrestato per dieci giorni, con l'accusa di diffamazione. Ora è la moglie a tenere in vita il giornale.

Efim Suchanov, giornalista di «Atk Media», di Arcangelo, è morto in seguito alle coltellate ricevute da uno sconosciuto il 1° febbraio 2004.

Evgenij Gerasimenko, giornalista del settimanale regionale «Saratovsky Rasklad», ucciso nella sua casa di Saratov, il 27 luglio 2006. La madre lo troverà con un sacchetto di plastica in testa e numerose ferite sul corpo. Dal suo appartamento l'assassino ha portato via il computer. La polizia sostiene che l'omicidio non sia da far risalire al suo lavoro di giornalista ma a un episodio di criminalità comune e arresta un clochard. L'uomo viene condannato a 18 anni di carcere in primo grado.

Farit Urazbaev, cameraman, della Vladivostok Tv/Radio Company, trovato morto nella città di Vladivostok il 23 maggio 2004.

Farchad Kerimov, cameraman dell'«Associated Press», ucciso a colpi di pistola in Cecenia. Scomparso il 27 maggio, verrà ritrovato morto il 29 maggio 1995.

Feliks Solov'ëv, fotoreporter freelance e collaboratore del quotidiano tedesco «Bild am Sonntag», viene ucciso a colpi di pistola nel centro di Mosca il 26 febbraio 1996. Aveva pubblicato inchieste sulla mafia russa.

Gadži Abashilov, 58 anni, capo della stazione radio-televisiva Daghestan Vgtrk, è stato trovato morto il 21 marzo 2008 a Makhachkala, capitale della piccola repubblica russa. Uno o più killer l'hanno bersagliato con 20 colpi di kalashnikov mentre era seduto in macchina. Tre persone sarebbero state arrestate per l'omicidio, ma non sono stati forniti i nomi né i motivi del delitto.

Grigol Čichhladze e ***Aleksandr Klimčuk***, fotografo e giornalista uccisi a Tskhinvali, capitale della repubblica secessionista dell'Ossezia del sud il 10 agosto 2008, durante la guerra russo-georgiana.

Igor' Belozërov, ucciso il 3 ottobre 1993 da un cecchino durante gli scontri pro e contro El'cyn intorno al centro televisivo di Ostankino, presso il quale lavorava come giornalista.

Igor' Domnikov, 42 anni, caporedattore della «Novaya Gazeta», morto il 16 luglio 2000, due mesi dopo essere stato ripetutamente colpito da uno sconosciuto armato di martello di fronte al suo appartamento di Mosca. Nonostante le promesse del Ministero dell'Interno, nessuno è mai stato arrestato per questo delitto.

Igor' Salikov, capo del Dipartimento di informazioni di sicurezza dei «Moskovskij Komsomolets», giornale di Penza (regione del Volga), ucciso il 20 settembre 2002.

Iljas Šurpaev, giornalista daghestano di Perviy Kanal, strangolato a Mosca con una cintura il 21 marzo 2008. Aveva 32 anni. Poco prima di essere ucciso, gli era stato censurato un articolo e aveva scritto sul suo blog personale: «Ora sono un dissidente! ». Per l'omicidio sono stati arrestati, in Tagikistan, tre cittadini tagiki per i quali le autorità russe non hanno chiesto l'estradizione.

Il'ja Zimin, giornalista del canale televisivo Ntv Russia, è stato ucciso nella sua casa Mosca il 26 febbraio 2006. Il corpo aveva numerosi segni di violenza. L'uomo, morto a 33 anni, nel 2002 aveva vinto il premio come miglior giornalista televisivo russo. Dal suo appartamento l'assassino ha rubato cellulare e computer. La polizia sostiene che l'omicidio non sia da far risalire al suo lavoro di giornalista ma a un episodio di criminalità comune. Di diverso avviso i suoi colleghi. Le indagini comunque non hanno sortito nessun risultato.

Iskandar Chatloni, 46 anni, reporter di lingua tagika per Radio Free Europe/Radio Liberty (Rfe/Rl), assassinato a colpi d'ascia nel suo appartamento di Mosca il 21 settembre 2000. Chatloni forse conosceva chi l'ha ucciso, dato che gli ha aperto la porta di casa. Prima di essere ammazzato, si era occupato delle violazioni dei diritti umani da parte dei soldati russi in Cecenia.

Ivan Fedjunin, giornalista politico del quotidiano locale «Bryanskie Izvestija» è stato pugnalato a morte nel suo appartamento di Bryansk il 31 marzo 1998. Poche settimane prima di essere ucciso si era occupato di criminalità locale.

Ivan Safronov, 51 anni, ex colonnello dell'aeronautica russa, esperto di questioni militari del quotidiano «Kommersant», morto volando dal quarto piano del suo palazzo il 2 marzo del 2007 a Mosca. Aveva appena fatto la spesa. Le autorità sostengono dapprima si tratti di suicidio, poi catalogano l'inchiesta come induzione al suicidio, infine archiviano il tutto come suicidio. Parenti e colleghi non credono a questa versione. Non ha lasciato alcun biglietto e stava per diventare nonno.

Ivan Scopan, cameraman della televisione Tf-1, ucciso il 3 ottobre 1993, durante gli scontri pro e contro El'cyn intorno al centro televisivo di Ostankino.

Kira Ležneva, cronista del quotidiano «Kamensky Worker», nella regione di Sverdlovsk, uccisa il 4 novembre del 2005.

Konstantin Brovko, giornalista della compagnia televisiva Guburnia, ucciso il 20 gennaio 2007 a Khabarovsk, città russa vicina al confine con la Cina.

Konstantin Pogodin, dirigente del quotidiano «Novoye Delo», della città di Niznij Novgorod, ucciso il 4 marzo 2003 da ignoti per ignoti motivi.

Larisa Judina, giornalista della «Sovestkaja Kalmykia Segodnya», è stata trovata morta in seguito a un violento pestaggio l'8 giugno 1998 a Elista, capitale della Calmucchia. Attivista politica, aveva più volte denunciato la corruzione dei politici locali.

Leonid Kuznetsov, caporedattore del «Mescherskaya Nov'», giornale della regione di Ryazan, trovato morto alla periferia della città di Kasimov il 4 settembre 2002. Il giornale era molto critico verso le autorità locali.

Leonid Plotnikov, della casa editrice Periodici di Mari-El, pestato a morte nel novembre del 2001.

Leonid Ševčenko, del giornale «Pervoye Chteniye», pestato a morte a Volgograd, il 25 aprile 2002.

Magomed Evloev, 37 anni, giornalista inguscio, avvocato e uomo d'affari. Era proprietario del sito di «Ingushetiya.ru» principale fonte d'opposizione contro il presidente filoputiniano dell'Inguscezia, Murat Zyazikov. È stato ucciso a colpi di pistola in un auto della polizia il 31 agosto 2008, poco dopo essere stato arrestato (come testimone di un attentato). Ovviamente le autorità parlano di incidente, causato dallo stesso giornalista che avrebbe cercato di strappare la pistola a un poliziotto. Parenti e amici sono convinti si sia invece voluto chiudere la bocca a un giornalista (e a un sito internet) molto critico. La capo redattrice del sito, Roza Malsagova, ha poi chiesto e ottenuto asilo politico in Europa occidentale.

Magomedzaghid Varisov, analista politico del «Novoye Delo», giornale di Makhachkala (capitale del Daghestan, nord Caucaso), ucciso il 28 giugno 2005. La sua auto è stata crivellata di colpi mentre tornava a casa con moglie e autista, che rimarrà ferito nell'agguato. Il giornalista era molto critico verso l'opposizione daghestana che accusava di voler destabilizzare la repubblica. Aveva chiesto invano protezione alla polizia dopo essere stato minacciato. Sharia Jamaat ha rivendicato la responsabilità dell'uccisione.

Maksim Čabalin e ***Feliks Titov***, giornalista e fotografo del quotidiano di San Pietroburgo «Nevskoye Vremya» scomparsi in Cecenia nell'inverno 1995. Il 27 febbraio avevano lasciato Nazran' per un reportage. Avrebbero dovuto rientrare alla base il 4 marzo ma non hanno mai più fatto ritorno.

Maksim Maksimov, 41 anni, giornalista investigativo del settimanale di San Pietroburgo «Gorod», è stato dichiarato morto il 30 novembre 2006, due anni dopo la sua scomparsa. Maksimov era stato visto l'ultima volta nel 2004 a San Pietroburgo. Un mese dopo la sua auto era stata ritrovata vicino a un albergo; poco distante c'era il suo cellulare, privo di Sim. I suoi colleghi pensano sia stato punito perché stava indagando sulla criminalità organizzata di San Pietroburgo. Nessuna seria indagine è stata fatta per spiegare la scomparsa dell'uomo.

Marina Gorelova, uccisa in un attentato terroristico l'11 ottobre 1996 durante il funerale del segretario della Fondazione delle vittime della guerra in Afghanistan.

Nadežda Čajkova, corrispondente del settimanale russo «Obščaja Gazeta» (giornale per il quale aveva lavorato anche la Politkovskaja), è stata trovata morta (bendata e con segni di percosse) nel villaggio ceceno di Gelkhi, il 30 marzo 1996.

Natalja Aljakina, giornalista con la doppia cittadinanza russa-tedesca, lavorava per il magazine tedesco «Focus» e per la radio Rufa. Uccisa dai soldati russi il 17 giugno 1995 a Budyonnovsk mentre cercava di raccontare un rapimento di massa effettuato da ribelli ceceni.

Natalja Skryl, 29 anni, giornalista economica del «Nashe Vremya», giornale della città di Rostov sul Don, dove è stata trovata morta il 9 marzo 2002. Era stata aggredita la sera prima da sconosciuti che l'avevano ripetutamente colpita con un pesante oggetto. Stava indagando sul tentativo di acquisto di un impianto metallurgico di Tagmet, nel sudovest della Russia. Le autorità ammetteranno che l'omicidio è da far risalire alle sue inchieste giornalistiche, ma nessuno verrà né denunciato né arrestato.

Nikolaj Vasil'ev, giornalista della «Sovestkaja Chuvashja» e di «Vesti Chuvashje», due giornali della repubblica di Chuvassia, trovato morto nella sua casa di Cheboksarj il 18 agosto 2003. Si occupava di problemi politici e sociali e i colleghi sono convinti sia stato ucciso per qualche inchiesta pubblicata.

Nikolaj Razmolodin, direttore generale della Europroject Tv e Radio Company, ucciso a colpi di pistola a Ulyanovsk il 20 luglio 2002.

Nina Efimova, giornalista del quotidiano in lingua russa di Groznyj «Vozrozhdeniye», è stata rapita insieme alla madre dal suo appartamento in Cecenia il 9 maggio 1996. I loro corpi verranno trovati il giorno dopo, uccise a colpi di pistola. La Efimova si occupava di criminalità locale.

Oleg Sedinko, fondatore della Novaya Volna Tv e Radio Company, di Vladivostok, ucciso in un attentato dinamitardo, il 25 luglio 2002.

Oleg Skabijnko, producer di alcuni programmi di approfondimento del secondo canale della Tv russa (Moment Istiny e Zabytyye Imena), è stato ucciso a colpi di pistola nel suo appartamento di Mosca, il 25 gennaio 1996. Ignoti i motivi e gli autori.

Paavo Voutilainen, ex caporedattore principale della rivista «Kareliya», ucciso in Kareliya nel 2002.

Paul Chlebnikov, 41 anni, giornalista americano, direttore della versione russa di «Forbes», ucciso a colpi di pistola il 9 luglio 2004 vicino al suo ufficio di Mosca. Le autorità sono certe si tratti dell'opera di un killer professionista. Come abbiamo scritto, potrebbe essere la stessa banda che ha assassinato la Politkovskaja. Pochi giorni prima di essere ucciso, Chlebnikov aveva pubblicato la tradizionale lista degli uomini più ricchi rivelando la presenza in Russia di 33 miliardari (in dollari), più che in ogni altro paese del mondo. Per la sua morte verranno arrestati cinque ceceni, poi scagionati. Nel novembre del 2004 gli verrà assegnato alla memoria il premio International Press Freedom Awards.

Pavel Makeev, 21 anni, cameraman del canale tv Tnt-Puls, ucciso ad Azov nella regione di Rostov il 21 maggio 2005: è assassinato all'esterno da un circuito di gare automobilistiche illegali. Il suo corpo era pieno di fratture e lividi. Chi l'ha ucciso gli ha portato via la telecamera e il cellulare. Nessuno è mai stato arrestato per questo delitto.

Pavel Pelojan, redattore della rivista in lingua armena «Armyansky Pereulok», trovato morto alla periferia di Mosca, ucciso da numerose coltellate il 19 luglio 2007.

Ramzan Chadžiev, capo della redazione del Nord Caucaso della Tv pubblica russa Ort, è stato colpito a morte mentre cercava di allontanarsi in auto da Groznyj insieme a moglie e figlio, l'11 agosto 1996.

Ramzan Mežidov e ***Šamil Gigaev***, cameraman rispettivamente per la tv di Mosca Tv Tsentr e per la tv indipendente Nokh Cho Television di Groznyj, uccisi durante un attacco aereo russo contro un convoglio di rifugiati che dalla Cecenia cercava di raggiungere l'Inguscezia, il 29 ottobre 1999.

Roderick Scott, detto Roddy, 31 anni, cameraman inglese freelance. Lavorava per l'agenzia televisiva britannica Frontline. È stato trovato morto dai soldati russi in Inguscezia, al confine con la Cecenia, dopo una battaglia fra l'esercito di Mosca e i miliziani ceceni, il 26 settembre 2003.

Rory Peck, cameraman della Tv tedesca Ard, ucciso il 3 ottobre 1993, durante gli scontri intorno al centro televisivo di Ostankino.

Sergej Chechugo, morto in Cecenia mentre era a bordo di un elicottero russo abbattuto dalla milizia cecena il 27 gennaio 2002. Era addetto stampa del ministero dell'Interno russo e collaboratore della «Komsomolska Pravda».

Sergej Dubov, editore di numerosi quotidiani e riviste («Vsyo Dlya Vas», «Novoye Vremya», e «International and Moscow Business Week»), è stato ucciso a colpi di pistola di fronte alla sua casa di Mosca il 1° febbraio 1994.

Sergej Ivanov, 30 anni, è stato ucciso con cinque colpi di pistola di fronte al suo appartamento di Togliattigrad, città della Regione di Samara il 3 ottobre 2000. Era direttore di una televisione indipendente (Lada Tv) e aveva un ruolo decisivo nella vita politica locale. Nessuno ha mai stabilito nemmeno i retroscena dell'omicidio.

Sergej Ivanov, corrispondente del quotidiano di San Pietroburgo «Novoye Vremya», è stato visto l'ultima volta il 16 giugno 1995 in Cecenia. È stato probabilmente rapito e ucciso.

Sergej Kalinovskij, 26 anni, caporedattore del quotidiano di Smolensk «Moskovskij Komsomolets» è stato trovato morto il 1° aprile

2002, vicino a un lago. L'uomo era scomparso il 14 dicembre del 2001. Si occupava di cronaca politica e nera. Nel marzo 2001 ignoti avevano dato fuoco al suo appartamento.

Sergej Krasil'nikov, ucciso il 3 ottobre 1993 negli scontri pro e contro El'cyn intorno al centro televisivo di Ostankino, per il quale lavorava come montatore.

Sergej Novikov, 36 anni, proprietario dell'unica radio indipendente di Smolensk (Radio Vesna), è stato ucciso a colpi di pistola sulle scale di casa il 26 luglio 2000. Tre giorni prima di essere assassinato aveva partecipato a una trasmissione su casi di corruzione tra i politici locali. Era stato più volte minacciato di morte. Non è stato mai trovato il killer né stabiliti i motivi dell'omicidio.

Sergej Žabin, collaboratore del servizio stampa del governatore della regione di Mosca, trovato morto il 27 luglio del 2002.

Šamchan Kagirov, giornalista del quotidiano moscovita «Rossiyskaya Gazeta» e del quotidiano locale «Vozrozheniye», è ucciso in un agguato in Cecenia, vicino a Groznyj il 13 dicembre 1995. Muoiono anche i tre agenti di polizia locale che viaggiavano in automobile con lui.

Šangyš Mondush, corrispondente per il quotidiano «Khemchiktin Syldyzy», della repubblica di Tuya, ucciso a pugnalate il 2 maggio del 2004.

Stan Storimans, giornalista della tv danese Rtl, ucciso durante i bombardamenti russi contro la città georgiana di Gori, il 12 agosto 2008.

Supjan Ependiev, esperto giornalista del quotidiano ceceno indipendente «Groznensky Rabochy», è stato ucciso (insieme a molte altre persone) durante un attacco missilistico russo contro l'affollato mercato all'aperto nel centro di Groznyj, il 27 ottobre 1999.

Tamerlan Kazichanov, ucciso da un miliziano ceceno mentre si recava nel suo ufficio di Nalchik, nella repubblica caucasica della Kabardino-Balkaria, il 13 ottobre 2005. Era capo ufficio stampa del servizio antiterrorismo del ministero dell'Interno russo.

Telman Ališaev, ucciso a Makhachkala da due killer mentre, in auto, sta andando dalla moschea verso casa, il 2 settembre 2008. L'uomo era il curatore del programma *Pace nella tua casa* della tv daghestana Tv-Chirkei. Aveva realizzato un documentario (*Wahabismo ordinario*) nel quale venivano criticati gli islamismi radicali che l'avevano per tutta risposta inserito nella lista dei «condannati a morte» pubblicata su internet. L'inchiesta giudiziaria è tuttora aperta.

Vadim Alfer'ev, giornalista investigativo della «Segodnyashnyaya Gazeta», ucciso a sprangate sulla tromba delle scale di casa il 27 dicembre 1995 a Krasnoyarsk.

Vadim Kuznetsov, caporedattore di «World and home. Saint Petersburg», ucciso a San Pietroburgo il 28 dicembre 2006.

Vadim Rudenko, giornalista di un programma d'approfondimento di cronaca della Tv russa Ort è stato ucciso a coltellate nel suo appartamento di Mosca, il 30 giugno 1999. Chi l'ha ammazzato ha anche dato fuoco al corpo.

Vagif Kočetkov, giornalista investigativo trentunenne del quotidiano «Trud» ed editorialista del quotidiano «Tulskii Molodoi Kommunar», morto a Tula l'8 gennaio 2006, un mese dopo essere stato picchiato a sangue. Secondo le autorità locali per una rapina, visto che gli sono stati portati via i soldi e il cellulare.

Valeri Batuev, redattore del «Moskovskie Novosti», trovato morto nel suo appartamento di Mosca il 31 marzo 2002.

Valeri Ivanov, 32 anni, caporedattore di «Tolyatinskoye Obozreniye», giornale della città di Togliattigrad, ucciso fuori dalla sua casa il 29 aprile 2002. Colpito ripetutamente alla testa da un killer munito di pistola con silenziatore. Si occupava di criminalità e di corruzione nella pubblica amministrazione. Era anche deputato della Duma della regione di Samara. Le indagini a 360° hanno portato a zero risultati.

Valery Krivoshejev, corrispondente del quotidiano russo «Komsomolskaja Pravda» da Lipetsk (Russia centrale), è stato trovato morto con un trauma cranico vicino a un bar che frequentava il 6 settembre 1997. Secondo i colleghi sarebbe stato ucciso in seguito alle sue inchieste sui politici locali. Secondo altre fonti sarebbe morto invece in seguito a una rissa.

Viktor Mikhailov, giornalista investigativo del quotidiano siberiano «Zabaikalsky Rabochy» è stato picchiato a morte nel centro della città di Chita, il 12 maggio 1996. Si occupava di criminalità.

Viktor Pimenov, cameraman della televisione cecena (filorussa), Vaynakh è stato colpito da un cecchino a Groznyj l'11 marzo 1996.

Vitali Sakhn-Val'da, fotoreporter, della città di Kursk, trovato morto il 4 aprile del 2002.

Vlad Kidanov, giornalista freelance, di Cheboksarj, capitale della Repubblica della Chivassia (Federazione Russa), trovato morto il 21 luglio 2006.

Vladimir Drobyšev, giornalista della rivista «Nature and Man», morto d'infarto il 3 ottobre 1993, durante gli scontri intorno al centro televisivo di Ostankino.

Vladimir Pašutin, del giornale «Smolensky Literator», trovato morto a Smolensk il 3 settembre 2005.

Vladimir Pritčin, redattore capo del canale Nord Baikal Tv/Radio Company, emittente della repubblica di Burjatia, è stato pestato a morte il 18 settembre 2004.

Vladimir Jatsina, fotografo di 51 anni dell'agenzia russa Itar-Tass, è stato ucciso in Cecenia da miliziani wahabiti. Rapito nella capitale dell'Inguscezia il 19 luglio 1999, è stato assassinato il 20 febbraio 2000. I rapitori avevano chiesto alla famiglia e all'agenzia stampa 20 milioni di dollari come riscatto.

Vladimir Žitarenko, corrispondente per le forze armate russe per il quotidiano «Krasnaya Zvezda», colpito a morte da due proiettili di un cecchino nei pressi della capitale cecena Groznyj, il 1° gennaio 1995.

Vladislav List'ev, era uno dei più noti giornalisti della televisione pubblica russa Ort di cui era il direttore generale. È stato ucciso all'entrata del suo appartamento il 1° marzo del 1995.

Vjačeslav Akjtov, giornalista del programma tv «Business Moscow», ucciso in un appartamento di Mytishchy, appena fuori Mosca. Scomparso il 22 maggio 2006, il suo corpo verrà rinvenuto cinque giorni dopo.

Vjačeslav Plotnikov, reporter del canale 41-Tv Channel di Voronez, trovato morto in una foresta il 15 settembre 2006.

Vjačeslav Rudnev, giornalista freelance, collaboratore di quotidiani regionali come «Znamya» e «Vest», è stato trovato ferito nel suo appartamento di Kaluga (fuori Mosca) con numerosi colpi al capo. Morirà il 17 febbraio 1995 dopo quattro giorni di coma. Indagava sulla corruzione e il mondo criminale.

Jurij Ščekočichin, 53 anni, vice redattore della «Novaya Gazeta», morto il 3 luglio 2003 dopo 12 giorni di degenza in una clinica di Mosca, avvelenato forse dal tallio. Stava per andare negli Stati Uniti a discutere i risultati di una sua inchiesta giornalista con funzionari dell'Fbi. Indagava infatti su casi di corruzione all'interno dell'Fsb russo (con centinaia di milioni di dollari nascosti nella Bank of New York). Aveva anche svolto inchieste sulla corruzione all'interno della Procura generale russa. Forse è proprio per questi reportage che qualcuno l'ha condannato a morte. La Procura non ha nemmeno aperto un fascicolo sull'omicidio.

Jan Travinskij, giornalista di San Pietroburgo, ucciso a Irkutsk il 27 settembre 2004.

Jochen Piest, corrispondente del magazine tedesco «Stern», il 10 gennaio 1995 è vittima di un attacco suicida dei ribelli ceceni nel villaggio di Chervlyonna, 24 chilometri da Groznyj.

Jurij Soltis, giornalista di cronaca nera per l'agenzia indipendente «Interfax», è stato trovato morto il 12 giugno 1994 nella stazione di Stroitel, appena fuori Mosca. I suoi colleghi pensano che l'omicidio sia da attribuire alle sue inchieste sul mondo criminale russo.

Zoja Ivanova, dell'emittente televisiva Bgtrk, della repubblica di Buriazia, morta in seguito a un pestaggio il 10 luglio 2004.

Un elenco purtroppo sempre provvisorio che, con più di 200 morti in pochi anni, ha trasformato la Russia nel paese più pericoloso al mondo per i giornalisti, dopo Iraq e Algeria. Per tutti loro valga quanto ricordava Tzvetan Todorov:

> «La vita ha perso contro la morte, ma la memoria vince nella lotta contro il nulla»[3].

Difendere la memoria è un'operazione non facile in Russia, dove purtroppo non passa stagione senza che il nome della Politkovskaja torni a occupare le cronache dei giornali. Spesso anche solo perché viene assassinato qualche suo amico o collega. È quanto ad esempio è avvenuto il 21 gennaio del 2008 con l'omicidio, in pieno giorno, nel pieno centro di Mosca, a soli «cento passi» dal Cremlino, di Stanislav Markelov e Anastasia Baburova. Lui era un giovane eppure noto avvocato che si batteva per difendere le vittime degli abusi denunciati da Anna nei suoi articoli, ma anche i parenti dei giornalisti uccisi. Era stato anche avvocato personale della Politkovskaja. Ma era soprattutto il legale della famiglia Kungaeva, la ragazza stuprata e uccisa da un ufficiale russo, Jurij Budanov, che - come abbiamo raccontato - era stato qualche giorno prima scarcerato (per buona condotta) dopo solo otto anni e mezzo di galera.

Markelov, quando è stato raggiunto dal killer, aveva appena terminato una conferenza stampa nella quale annunciava battaglia legale a livello internazionale (con ricorso alla Corte europea per i diritti umani) contro la scarcerazione di Budanov. Anche lui era un predestinato alla morte, come Anna, come molte persone in Russia. Quanto racconta Visa, il padre di El'sa Kungaeva a «Russia Today», richiama scene già viste, già raccontate. Visa Kungaev (ora rifugiato col resto della famiglia in Norvegia) e l'avvocato Stanislav Markelov si erano sentiti pochi giorni prima, al momento della liberazione di Budanov. Questo il tono, concitato, della conversazione:

> «Siamo tutti sotto shock, mia moglie, i miei bambini. L'altra sera mi ha raccontato di essere stato minacciato. Che tipo di minacce, ho chiesto? Se non lascio cadere il caso dell'omicidio di El'sa verrò ucciso, mi ha risposto. E da chi ti arrivano queste minacce, ho chiesto? Sono sempre anonimi messaggi di testo, ha risposto. Gli ho subito detto di rinunciare, che avrei trovato un nuovo avvocato. Mi ha detto: no, ho intenzione di perseverare»[4].

Sarà ucciso qualche giorno dopo.

Insieme a lui viene ferita a morte Anastasia Baburova, giovane stagista alla «Novaya Gazeta». La polizia sembra propendere per una morte accidentale, sostenendo che avrebbe cercato di fermare invano il killer dell'avvocato. La «Novaya» propende invece per l'omicidio volontario. Con lei, aspirante giornalista di soli venticinque anni, sale a quattro il numero dei giornalisti della «Novaya Gazeta» assassinati nella Russia di Putin, spingendo il giornale indipendente a un'analisi spietata e coraggiosa, intitolata *Non abbiamo paura*:

> «Non è più solo terrorismo, è guerra aperta: uccisioni sistematiche di persone fuori dal sistema. Gli assassini non hanno paura perché sanno che non verranno puniti. Ma non hanno paura nemmeno le vittime, perché quando si difendono altre persone si smette di avere paura. Ha paura solo chi rimane nascosto aspettando la fine di questi tempi bui. Che, proprio per questo, non passeranno mai».

Parole che fanno tornare in mente uno degli scritti più drammaticamente poetici della Politkovskaja:

> «Per il mio sistema di valori, è la posizione del fungo che si nasconde sotto la foglia. Lo troveranno comunque, è praticamente certo, lo raccoglieranno e se lo mangeranno. Per questo, se si è nati uomini non bisogna fare i funghi».

Dopo l'omicidio della Baburova, uno degli editori della «Novaya» (il già citato Aleksandr Lebedev) ha chiesto alle autorità russe, provocatoriamente, di fornire pistole ai giornalisti in modo che si possano difendere da soli, giacché nessuno sembra in grado di proteggerli. Il 29 gennaio 2009 il presidente Medvedev ha voluto incontrare il direttore del giornale, Dmitrij Muratov e uno (anzi, il più noto) dei proprietari della testata, Michail Gorbačëv, per esprimere le condoglianze del Cremlino per il duplice omicidio. Medvedev ha detto di non volere esprimersi pubblicamente su questi assassinii per non interferire nelle indagini. Di parere opposto il Committee for Protection of Journalist (Cpj) che, in una lettera aperta, invita il presidente a denunciare quanto accade

> «perché ciò sarebbe un forte segnale ai criminali (per fargli capire che sono ricercati), ai giornalisti e ai difensori dei diritti umani (per far capire che il presidente apprezza il loro ruolo nella società e li supporta), alle famiglie che hanno avuto un lutto (per dir loro che non saranno sole) e soprattutto a chi è preposto alle indagini, perché capisca che devono lavorare al meglio e al più presto perché gli assassini paghino per questi brutali crimini»[5].

Il rischio è invece che, passato il clamore dei primi giorni, sfioriti i fiori sulle tombe, tutto torni come prima. Il pericolo è che tra qualche mese di Markelov e della Baburova si ricorderanno solo parenti e amici. L'importante è invece che rimangano nella memoria collettiva. Come Anna Politkovskaja, morta ma ancora viva nel pensiero di tante persone in tutto il mondo. Un ricordo che a molti in Russia dà fastidio. Questa giornalista incredibile fa paura anche da morta. Il suo fantasma sembra turbare il sonno di chi guida il paese. Come dimostra il racconto che Serena Vitale scrive per il «Sole 24 ore», rivelando i particolari della cerimonia di conferimento del primo premio della Fondazione El'cyn, assegnato ex equo a due traduttrici italiane: Emanuela Guercetti per *Sinceramente vostro* di Ljudmilla Ulickaja e Claudia Zonghetti per *Diario russo*. Proprio questo premio indiretto ad Anna suscita malumori:

> «Udendo il nome "Politkovskaja" l'ambasciatore straordinario e plenipotenziario Aleksej Meškov (ero seduta, membro della giuria, proprio dietro di lui) ha cominciato a dare segni d'insofferenza girandosi più volte per cercare con lo sguardo i suoi collaboratori, rei di non avergli dato sufficienti informazioni sulla serata. E in un momento imprecisato ha lasciato il consesso filando via alla russa; straordinario, plenipotenziario e insalutato ospite. Nessuno l'ha più visto.
> L'agenzia "Ria Novosti" ha dato notizia del premio, e in alcuni siti russi si può leggere: "La vincitrice è Emanuela Guercetti, traduttrice di *Sinceramente vostro*, *Šurik*, della famosa scrittrice russa Ljudmilla Ulickaja. Dopo la solenne cerimonia si è esibito il coro del monastero Danilov e un duo di virtuosi del *bajan* (la fisarmonica russa)". L'altra vincitrice, Claudia Zonghetti, deve essere stata scambiata per un angelico corista o per una virtuosa di armonica a mantice. Comunque stiano le cose, il suo nome e il suo premio in Russia sono stati cancellati. (...) Anna Politkovskaja è un fantasma sgradito. Uccisa due volte; prima dalla Makarov Pm di un sicario, oggi da un più cinico killer: il silenzio. Scriveva Nabokov: "La censura è veramente una delle più ragguardevoli istituzioni del nostro paese..."»[6].

Eppure la memoria ogni tanto sembra davvero vincere, almeno alle nostre latitudini. Nel novembre del 2008 sto seguendo un corteo dell'Onda anomala, il movimento studentesco nato per opporsi ai tagli governativi all'istruzione pubblica. Una piccola manifestazione spontanea partita dalla Statale di Milano e diretta in piazza del Duomo. In via Mazzini un ragazzo alto e con i capelli lunghi prende il megafono e comincia a urlare:

> «Diciamo basta a Berlusconi, il presidente del Consiglio che va a braccetto con Putin, quello che ha fatto uccidere Anna Politkovskaja, quello che ha fatto avvelenare Litvinenko».

I colleghi giornalisti che seguono la manifestazione si girano verso di me, come se avessi passato io allo studente il testo con scritto ciò che doveva urlare. Io, in realtà, non avevo occhi che per lui. E ho capito, una volta di più, che nessuna pallottola, nessun regime, nessuna mafia può fermare la memoria collettiva. Alla fine è sempre quella a sopravvivere. In Piazza Fontana come sulla Piazza Rossa.

Anche per questo voglio finire citando un'icona un po' dimenticata a sinistra, un intellettuale che ha saputo guardare molto avanti e che ha pagato con la vita il suo essere fuori dagli schemi: Pierpaolo Pasolini. Il poeta friulano col suo *Io so*[7] si riferiva alla cosiddetta strategia della tensione che ha insanguinato l'Italia dopo il 1968.

Valga la stessa condanna pasoliniana per chi ha ucciso Anna Politkovskaja, per chi ha consentito il suo omicidio, per chi non l'ha impedito, per chi ha festeggiato per la sua morte, per chi non ha cercato i mandanti, per quanti, spero, fatichino a dormire per il rimorso, inseguiti da un fantasma che è più vivo di tutti loro messi assieme.

> «Io so. Ma non ho le prove. Non ho nemmeno indizi. Io so perché sono un intellettuale, uno scrittore, che cerca di seguire tutto ciò che succede, di conoscere tutto ciò che se ne scrive, di immaginare tutto ciò che non si sa o che si tace; che coordina fatti anche lontani, che rimette insieme i pezzi disorganizzati e frammentari di un intero coerente quadro politico, che ristabilisce la logica là dove sembrano regnare l'arbitrarietà, la follia e il mistero. Tutto ciò fa parte del mio mestiere e dell'istinto del mio mestiere».

Noi sappiamo, cara Anna, e non dimentichiamo. Non ti dimenticheremo.

NOTE

Introduzione

[1] Vladimir Vladimirovič Putin (1952), politico russo, ex tenente colonnello dei servizi segreti sovietici Kgb, nel 1998 viene nominato capo dell'Fsb (i servizi segreti russi sorti dal Kgb, dopo la fine dell'Urss). Nel 1999 il presidente El'cyn lo designa primo ministro e il 31 dicembre dello stesso anno, dimettendosi, lo fa diventare presidente pro tempore della Federazione Russa. Verrà poi eletto presidente sia alle elezioni del 2000 sia a quelle del 2004. Dató che la costituzione vieta il terzo mandato consecutivo, nel 2008 ha lasciato la presidenza al delfino Medvedev ed è tornato a occupare la carica di primo ministro. Guida anche il principale partito russo, Russia Unita.

[2] La Politkovskaja ha scritto almeno 500 articoli per il giornale per cui lavorava («Novaya Gazeta») e tre libri, tutti pubblicati all'estero.

[3] Anna Politkovskaja, *Diario russo*, Adelphi, Milano 2007. Traduzione di Claudia Zonghetti.

[4] La prima guerra cecena iniziata nel 1994 (in opposizione alla secessione della piccola Repubblica dalla neonata Federazione Russa) si conclude nel 1996 con la firma di un trattato di pace. La seconda inizia nel 1999 con una nuova invasione dell'esercito russo, causato da azioni militari cecene nel confinante Daghestan e misteriosi attentati a Mosca, di cui vengono accusati, senza prove, i terroristi ceceni.

[5] Anna Politkovskaja, *Cecenia, il disonore russo*, Fandango, Roma 2003. Traduzione di Agnès Nobécourt e Alberto Bracci T.

[6] Stefano Massini, *Donna non rieducabile*, Ubulibri, Milano 2007.

[7] A Schengen sono stati firmati gli accordi che consentono la libera circolazione per i cittadini dell'Unione europea e chiudono le frontiere a quanti (anche geograficamente europei) vorrebbero venire a lavorare o a studiare nei paesi Ue.

[8] Andrea Riscassi, *Bandiera arancione la trionferà*, Melampo, Milano 2007.

[9] Aleksandr Valterovič Litvinenko (1962-2006), ex ufficiale dei servizi segreti russi. Divenuto dissidente, è riparato in Inghilterra dove ha scritto libri contro il regime putiniano. È stato avvelenato con una sostanza radioattiva in un bar di Londra, dove si era incontrato con suoi ex colleghi, spie russe. È morto dopo tre settimane di atroci sofferenze, il 23 novembre 2006.

[10] *Komitet Gosudarstvennoj Bezopasnosti*, Comitato per la Sicurezza dello Stato, era il nome dei servizi segreti e della polizia politica dell'Urss. In Russia è stato sciolto nel 1991 e sostituito dal Fsb. Mantiene (non a caso) il vecchio nome di Kgb solo in Bielorussia.

[11] La Duma di Stato è la Camera bassa della Federazione Russa.

[12] Roman Arkad'evič Abramovič (1966), oligarca russo, uno degli uomini più ricchi del mondo, proprietario della squadra di calcio inglese Chelsea. Ottima, per capire il personaggio, la biografia non autorizzata scritta da due giornalisti inglese, Dominic Midgley e Chris Hutchins, *Abramovich, the Billionaire from Nowhere*, HarperCollins, London 2004.

[13] L'Italia, sotto questo aspetto, è indietro anni luce rispetto agli altri paesi occidentali, non avendo una legge che regoli il diritto d'asilo. Si pensi che al leader politico ceceno Umar Khambiev - ex ministro della salute dell'ultimo governo ceceno pre putiniano - il nostro paese (ai tempi guidato dal centro sinistra di Romano Prodi) ha offerto - nonostante le proteste dei radicali - solo un permesso temporaneo per motivi umanitari.

[14] Fabio Rhodes, *Il caso Litvinenko*, MiltonSette, Sesto Fiorentino 2007.

[15] Tony Blair (1953), primo ministro laburista del Regno Unito dal 1997 al 2007.

[16] Sindacato autonomo polacco che diede una spallata decisiva al regime comunista di Varsavia. Dopo la caduta del Muro di Berlino, uno dei suoi fondatori, Lech Wałęsa, è stato eletto presidente della Polonia (dal 1990 al 1995).

[17] Adam Michnik, *Quando Mosca parla la lingua di Stalin*, «La Repubblica», 18 agosto 2008.

[18] Nina Krušova, *Come ai tempi del Kgb*, «La Repubblica», 10 ottobre 2006.

[19] Guido Rampoldi, *Anna Politkovskaja, eroe moderno*, «La Repubblica», 9 giugno 2007.

[20] Anna Politkovskaja, *La Russia di Putin*, Adelphi, Milano 2005. Traduzione di Claudia Zonghetti.

[21] Id., *Proibito parlare*, Mondadori, Milano 2007. Traduzioni di Erika Casali, Martina Cocchini e Davide Ghirelli.

[22] Id., *Un piccolo angolo d'inferno*, Rizzoli, Milano 2008.

1. Una giornalista liberale

[1] L'Osce, Organizzazione per la sicurezza e la cooperazione in Europa, conta 56 membri e si occupa di promozione della pace, del dialogo politico, della giustizia e della cooperazione nel Vecchio continente. Manda osservatori a seguire le elezioni. In Russia sia alle politiche del 2007 sia alle presidenziali del 2008, gli ostacoli posti dal Cremlino hanno spinto l'organizzazione a rinunciare al monitoraggio. Nessuna sanzione è stata presa contro questo paese che dell'organizzazione è stato membro.

[2] Marina Ivanovna Cvetaeva (1892-1941), poetessa russa, simbolista, mal tollerata da Stalin, morta suicida.

[3] A quei tempi era la compagnia di bandiera sovietica.

[4] Michail Sergeevič Gorbačëv (1931), ultimo segretario del Partito comunista dell'Unione Sovietica, ha firmato nel 1991 il trattato che ha sancito la fine dell'Urss.

[5] In russo significa «ricostruzione»: è il complesso di riforme avviate per liberalizzare l'economia sovietica e per introdurre maggiori libertà civili per i

cittadini. Porterà al collasso del - non riformabile - sistema sovietico e alla fine dell'Urss (sciolta nel 1991).

[6] Dice Anna del marito nell'ultima intervista alla giornalista Natalja Mozgovaja: «Sono contenta che ci siamo lasciati. Era vittima della propaganda ufficiale, beveva e mi diceva che ero venduta ai ceceni. Vivere insieme, dopo 22 anni, è diventato impossibile».

[7] *Glasnost'*, parola russa che significa «pubblicità, dominio pubblico». È stata usata negli ultimi anni del regime sovietico per indicare la trasparenza, l'apertura all'esterno.

[8] Nel 1991 finisce l'Unione Sovietica, nel 1993 un fallito colpo di Stato cerca di far tornare indietro le lancette della storia.

[9] Intervista tratta da: Amedeo Ricucci e Giovanni Minoli, *Una donna sola: Anna Politkovskaja*, in *La storia siamo noi*, Rai Due, 16 maggio 2007.

[10] Aslan (Khalid) Alievič Maschadov (1951- 2005), eletto presidente della Cecenia nel 1996, è stato destituito da Putin nel 1999. Diventa il leader politico della guerriglia durante la seconda guerra cecena. Viene ucciso nel 2005, forse da killer ceceni filo russi. Il suo corpo (mostrato in televisione) non è mai stato restituito alla famiglia. Per decisione dei giudici russi, del leader ceceno non è stato nemmeno comunicato il luogo della sepoltura.

[11] Da gennaio 2009 la «Novaya Gazeta» è diventata trisettimanale.

[12] George Soros (1930), imprenditore americano di origini ungheresi, con le sue Ong (Soros Fund Management e Open Society Insitute) finanzia i movimenti democratici in tutto l'est Europa.

[13] Sull'aereo che la sta portando a Beslan (dove terroristi ceceni hanno rapito centinaia di bambini) le viene servito del tè, si sente male e deve tornare a Mosca. Probabilmente qualcuno voleva impedirle di andare a mediare, come avvenuto durante la crisi del teatro Dubrovka. La (lenta) giustizia russa non ha mai chiarito chi l'abbia avvelenata.

[14] Nel febbraio del 2001, è arrestata da soldati russi mentre si trova «illegalmente» in zona dove sono in atto operazioni antiterrorismo, ossia in Cecenia.

[15] Da che inizia a seguire la guerra cecena, ma anche altre malefatte dell'esercito o dei servizi segreti, la giornalista russa è minacciata dalle dieci alle quindici volte la settimana, via mail, via lettera o via telefono.

[16] In *La storia siamo noi, cit.*

[17] Su questa come su altre storie legate alla Dubrovka, Anna Politkovskaja scriverà molti, duri articoli contro le autorità e i loro silenzi.

[18] Gli ostaggi dicono di avere contato 54 terroristi, le autorità russe parlano di una quarantina. Malgrado gas e forze speciali, comunque qualche terrorista è riuscito a lasciare il teatro. Le indagini non hanno portato a nessun risultato e sono state chiuse il 1° giugno 2007.

[19] Il numero è tuttora provvisorio. Le stime ufficiali parlano di 39 terroristi e 129 ostaggi. Secondo altre fonti gli ostaggi morti potrebbero essere 200.

[20] Beslan è la cittadina dell'Ossezia del Nord (Federazione Russa), teatro di un rapimento di massa di bambini, effettuato da terroristi ceceni, in una scuola, il 1° settembre 2004. Dopo tre giorni, negli scontri che fanno seguito al blitz delle forze speciali russe, perdono la vita 394 tra bambini, insegnanti e terroristi.

[21] Natalja Mozgovaja, *L'ultima intervista di Anna Politkovskaja*, «La Stampa», 9 ottobre 2006.

[22] Ramzan Achmadovič Kadyrov (1976), figlio del presidente Achmad Kadyrov (ucciso in un attentato nel 2004) è diventato presidente della Cecenia nel 2007. È accusato da varie organizzazioni non governative straniere di crimini di guerra. Il presidente Putin (che l'ha nominato presidente) lo ha insignito del titolo di «Eroe della Federazione Russa».

[23] In *La storia siamo noi, cit.*

2. Una sincera democratica

[1] Michael Idov, «The New Republic», «Internazionale», 9 maggio 2008.

[2] Mikhail Borisovič Chodorkovskij (1963), imprenditore russo. Divenuto grazie alle privatizzazioni selvagge degli anni Novanta, uno degli uomini più ricchi di Russia, è stato arrestato nel 2003 e condannato a 8 anni di carcere per frode fiscale. La sentenza è da molti considerata una ritorsione politica contro uno dei pochi coraggiosi imprenditori russi che finanziava i movimenti antiputiniani.

[3] Russia Unita (*Edinaja Rossija*) è il partito nato per sostenere Putin. È stato fondato nel 2001 con la fusione di due formazioni politiche (Madrepatria e Partito unito di Russia). Ha 53.740 sedi e un milione e mezzo di iscritti.

[4] Partito comunista dell'Unione Sovietica. Ha guidato l'enorme nazione dal 1922 al 1991.

[5] Così è stato, per esempio, per il riconoscimento dell'indipendenza di Ossezia del sud e Abkhazia, votato appunto all'unanimità dal parlamento russo.

[6] Boris Nikolaevič El'cyn (1931-2007), primo presidente della Russia dopo la fine dell'Urss. Ha governato il paese dal 1991 al 1999 quando ha lasciato l'incarico al primo ministro Putin.

[7] Gennadij Andreevič Zjuganov (1944), è stato il primo segretario del Partito comunista della Federazione Russa dopo la fine dell'Urss. Candidato a quasi tutte le elezioni, ha preso il 17,76% nelle presidenziali del 2008 (vinte da Medvedev).

[8] Anna Zafesova, *E da Mosca è tutto*, Utet, Novara 2005.

[9] Rosa Luxemburg (1870-1919), socialista rivoluzionaria tedesca.

[10] Dmitrij Anatol'evič Medvedev (1965), politico russo, da anni collaboratore di Putin. Ha presieduto il consiglio d'amministrazione del colosso del gas Gazprom, prima di essere eletto, nel 2008, presidente della Federazione Russa. Il suo primo provvedimento è stato nominare Putin primo ministro.

[11] Leonardo Coen, *Putingrad, la Mosca di zar Vladimir*, Alet, Padova 2008.

[12] Vladimir Milov, *La Russia di Medvedev*, «Internazionale», 7 marzo 2008.

[13] «Ansa», 6 ottobre 2008.

3. Il suo giornalismo

[1] Anna Politkovskaja, *Il mio lavoro a ogni costo*, «Internazionale», 26 ottobre 2006.

[2] Dichiarazione fatta a Dresda, città tedesca dell'ex Ddr dove Putin ha lavorato come spia sovietica.

[3] Luke Harding, *To be journalist in Russia is suicide*, «The Guardian», 24 novembre 2008.

[4] Alberto Cavallari (1927-1998), ex direttore del «Corriere della sera», uno dei maestri del giornalismo italiano.

[5] Vivia Benini, *cit*.

[6] Ad Anna Politkovskaja vengono assegnati molti riconoscimenti, nazionali e internazionali: premio dell'Unione dei Giornalisti russi; premio «Lettres internationales» (Francia); premio «Libertà di stampa», assegnato a Parigi dall'associazione Reporters sans frontiéres; premio «Olof Palme» (Svezia); premio «Libertà e stampa del futuro», assegnato a Lipsia; premio «Eroe europeo, donna dell'anno», assegnato dalla rivista «Time»; premio «Le donne nel giornalismo», assegnato dal Movimento internazionale femminile per la stampa; «Global Award for Human Rights Journalism» di Amnesty International; premio in memoria di Artyom Borovik, assegnato dall'emittente televisiva statunitense Cbs; Premio Sacharov; premio «Freedom to Write Award del Pen American Center»; Premio internazionale Tiziano Terzani (postumo).

[7] Asne Seierstad, *Il bambino dal cuore di lupo*, Rizzoli, Milano 2008.

[8] Natalja Melikova, giornalista della «Nezavisimaya Gazeta».

[9] Fabrizio Dragosei, *Il giornale anti Putin "mette la testa a posto"*, «Il Corriere della sera», 22 aprile 2008. Nella conferenza stampa, Berlusconi ha simulato - per scherzo - di sparare alla giornalista russa (Natalja Melikova, appunto) che ha posto la domanda "indiscreta". A Mosca però, purtroppo, alle giornaliste non sparano per scherzo.

4. Donne

[1] Francesca Sforza, *Mosca-Groznyj, neanche un bianco su questo treno*, Salerno, Roma 2007.

[2] Anna Politkovskaja, *Donne usa e getta*, «Internazionale», 3 luglio 2003.

[3] *Nord-Ost* era lo spettacolo in scena al teatro Dubrovka di Mosca quando irruppero i terroristi ceceni.

[4] George Walker Bush (1946), repubblicano, 43esimo presidente degli Stati Uniti d'America.

[5] www.hillaryclinton.com, 2 marzo 2008.

5. Kgb o i pidocchi sovietici

[1] *Federal'naja Služba Bezopasnosti* (Servizio Federale di Sicurezza), i servizi segreti russi che hanno preso il posto del Kgb sovietico. Sono stati diretti da Vladimir Putin dal 1998 al 1999.

6. Non abituarsi alla guerra

[1] Michail (Misha) Saakašvili (1967), leader del Movimento nazionale unito della Georgia, ha guidato la rivoluzione delle rose che nel 2003 ha abbattuto Ševernadze. Eletto presidente nel 2004, è stato riconfermato alle elezioni del 2008. Nell'agosto 2008 ha scatenato una guerra per la riconquista di regioni secessioniste russofone che ha provocato, per reazione, la parziale invasione della Georgia da parte di truppe russe.

[2] Tiziano Terzani, *Pelle di Leopardo*, Tea, Milano 2004.

[3] Nel 2007 fu, a titolo d'esempio, proprio l'associazione «Madri dei soldati» a denunciare il caso di Andrej Sychev, cui i medici dovettero amputare gambe e genitali per gli abusi subiti. Abusi dei quali fu considerato responsabile un capitano, condannato a 11 anni di carcere.

[4] Roberto Saviano, nato a Napoli nel 1979, è autore di *Gomorra*, libro sulla camorra (precisamente sul clan dei Casalesi) che è stato tradotto i 22 paesi e che ha messo sotto i riflettori organizzazioni criminali poco conosciute al grande pubblico. Per le continue minacce ricevute, dal 2006 vive sotto scorta. Ha firmato gli appelli per tenere viva la memoria di Anna Politkovskaja.

[5] Roberto Saviano e William Langewiesche, *Raccontare la realtà*, «Internazionale», Roma 2008.

7. Guerra in Cecenia

[1] Il 12 agosto 2000, un sottomarino nucleare Kursk K-141 (il più temibile della flotta russa), impegnato in esercitazioni nel Mare di Barents, affonda per l'esplosione di uno dei missili. Muore l'intero equipaggio. Per giorni, Putin (in vacanza a Soči) rifiuta i soccorsi internazionali. Il 21 agosto il sommergibile verrà recuperato da una nave speciale norvegese.

[2] Josif Vissarionovič Džugašvili, detto Stalin (1888-1953), bolscevico, è stato presidente del Partito comunista sovietico e dell'Urss che sotto la sua guida ha vissuto il periodo più repressivo.

[3] Lavrentij Pavlovič Berija (1899-1953), politico sovietico, è stato capo della famigerata polizia politica sotto Stalin.

[4] André Glucksmann, intervistato da «Chechen Society», 4 luglio 2005.

[5] Ryszard Kapuściński (1932-2007), il più famoso giornalista polacco. Inviato dell'agenzia di stampa «Pap», ha girato il mondo e scritto numerosi libri sull'Africa e sul mondo sovietico.

[6] È la rivoluzione democratica e nonviolenta che ha obbligato, nell'inverno del 2004, il regime ucraino guidato dal presidente Kuˇcma a riconvocare le elezioni presidenziali (giudicate false anche dagli organismi internazionali) che avevano portato al potere il filo russo Janukovyˇc. Dopo un secondo ballottaggio, nel gennaio 2005 verrà eletto presidente Viktor Jušˇcenko, filo occidentale, miracolosamente scampato a un avvelenamento da diossina.

[7] Il riferimento è a Georgiy Gongadze, giornalista ucraino dell'«Ukrayinska Pravda» rapito e decapitato nel 2000. L'inchiesta giudiziaria è ancora in corso, ma prima della rivoluzione arancione venne resa nota una registrazione nella quale l'allora presidente ucraino Leonid Kuˇcma diceva ai suoi collaboratori che non ne poteva più di quel giornalista rompiscatole. L'Ucraina, per questa vicenda, ha rischiato l'espulsione dal Consiglio d'Europa. Moglie e figli di Gongadze hanno ricevuto asilo politico negli Stati Uniti.

[8] André Glucksmann (1937), filosofo francese. Ha sempre sostenuto la causa cecena e criticato il silenzio europeo sulle violazioni dei diritti umani compiuto dalle truppe russe.

[9] Timothy Garton Ash, (1955), intellettuale inglese fra i più influenti nel mondo. Docente a Oxford, è sempre in prima linea nelle iniziative in difesa dei diritti umani.

[10] Bernard-Henri Lévy (1948), intellettuale e giornalista francese. In Francia è conosciuto come BHL. Inviato in Georgia nell'estate 2008, ha scritto un articolo significativamente intitolato: *Tbilisi non sia un'altra Sarajevo*.

[11] Il Consiglio d'Europa è un'organizzazione europea che ha come scopo quello di promuovere i diritti umani. La Russia, dopo anni d'attesa, ne è stata ammessa solo nel 1996. Da più parti si chiede ora che venga sospesa la sua partecipazione, dato che non rispetta i criteri minimi di democrazia richiesti.

[12] Anna Politkovskaja, *Cecenia abbandonata*, «Internazionale», 16 gennaio 2003.

[13] Slobodan Miloševič (1941-2006), socialista serbo, presidente della Jugoslavia dal 1997 al 2000 e della Serbia (che della Jugoslavia faceva parte) dal 1989 al 2000. Costretto a dimettersi sotto la spinta di una rivoluzione pacifica, nel 2001 è stato arrestato ed estradato al Tribunale internazionale dell'Aja per i crimini di guerra nell'ex Jugoslavia. È morto in cella nel 2006, per un infarto.

[14] Milana Terloeva, *Ho danzato sulle rovine*, Corbaccio, Milano 2008.

[15] Jacques Allaman, *cit.*

[16] Aleksandr Litvinenko, *Russia, il complotto del Kgb*, Bompiani, Milano 2007.

[17] L'invasione delle milizie cecene nel territorio del confinante Daghestan nel 1999, insieme ad attentati a Mosca attribuiti ai terroristi ceceni, sono stati il pretesto per scatenare la seconda guerra.

[18] «Inseguiremo i terroristi anche nei cessi, li stermineremo», è stata la promessa (mantenuta) di Vladimir Putin, appena nominato primo ministro, nel 1999.

[19] Secondo l'ultimo bilancio della Corte diffuso all'inizio del 2009, la Russia ha 27.250 casi pendenti. È largamente in testa a questa triste classifica. La seconda posizione è appannaggio della Turchia con «solo» 11.100 denunce.

[20] La più importante fossa comune è stata scoperta a circa un chilometro dal quartier generale delle forze russe, alla periferia di Groznyj: conteneva sessanta corpi.

[21] Comunicato stampa del 28 dicembre 2008.

8. I paria ceceni

[1] Il botta e risposta con gli ufficiali di Stato Maggiore del Corpo d'Armata di stanza in Cecenia è del 2001 e lo si può trovare nel libro *Cecenia, il disonore russo*, *cit.*

[2] Asne Seierstad, *cit.*

[3] Memorial è la principale e più attiva associazione di difesa dei diritti umani in Russia.

[4] Intervista contenuta nel film di Eric Bergkraut, *Letter to Anna. The story of Journalist Politkovskaja's death*, Svizzera/Germania 2008.

[5] Anna Politkovskaja, *L'altra Abu Grahib*, «Internazionale», 2 giugno 2004.

[6] http://pravda.ru/

[7] «In Russia abbiamo tutti apprezzato il tuo spirito di lottatore, non hai mai mollato e sei tornato al potere», ha detto Vladimir Putin a Silvio Berlusconi, subito dopo la vittoria del Cavaliere alle elezioni politiche italiane del 2008.

[8] Con il centro sinistra a Palazzo Chigi, l'Italia ha stretto accordi commerciali ancora più stretti con le società che rappresentano il grimaldello economico e geopolitico di Putin. Non a caso, al banchetto allestito in quel periodo dal Cremlino per la spartizione delle spoglie della Jukos di Chodorkovskij hanno partecipato solo aziende pubbliche italiane: Eni ed Enel. Così come avvenuto con Schröder, anche a Prodi al termine del mandato è stato offerto un prestigioso incarico in Gazprom. A differenza del socialdemocratico tedesco, il democratico italiano ha fortunatamente declinato l'invito.

[9] Tony Blair (1953), primo ministro laburista del Regno Unito dal 1997 al 2007.

[10] Gerhard Fritz Kurt Schröder (1944), socialdemocratico, cancelliere della Repubblica federale tedesca dal 1998 al 2005. Sconfitto alle elezioni, è diventato capo del consorzio Nord Stream (della russa Gazprom). Il consorzio deve costruire un gasdotto sotto il Mar Baltico che collegherà direttamente la Russia alla Germania, saltando Ucraina e Polonia. Il progetto è stato approvato nell'ultima riunione del governo Schröder.

[11] Jacques Chirac (1932), gaullista, presidente della Repubblica francese dal 1995 al 2007.

[12] Garri Kimovič Kasparov (1963), campione del mondo di scacchi nel 1987. Ritiratosi dalle competizioni sportive è ora uno dei principali esponenti dell'opposizione russa anti Putin. Leader dell'Altra Russia, è stato più volte arrestato per aver partecipato a manifestazioni non autorizzate.

[13] Intervista a *Che tempo che fa*, Rai Tre, 24 febbraio 2008.

[14] Intervento di Garri Kasparov al convegno «Contro gli zar del Gas», organizzato dall'associazione *Annaviva* alla Casa delle culture di Milano il 29 ottobre 2008.

[15] La religione tradizionale (islamica) della Cecenia segue la corrente del sufismo mistico. Negli ultimi anni si è diffuso il wahabismo, frutto di una riforma radicale e più propenso alla *jihad*, la guerra santa.

[16] Anna Politkovskaja, *Il verdetto dei giurati ha assolto i criminali di guerra*, «Novaya Gazeta», traduzione di F. Giovannelli per www.peacelink.it

[17] *L'Europa debole*, «Gazeta Wyborcza», «Internazionale», 22 agosto 2008.

[18] In *Letter to Anna. The story of Journalist Politkovskaja's death*, cit

[19] I racconti di questi rifugiati e di altri abitanti di quest'area interdetta della Bielorussia si possono leggere in: Svetlana Aleksievic, *Preghiera per Černobjl'*, e/o, Roma 2002.

9. Una strage dietro l'altra

[1] L'Ossezia del Nord fa parte della Federazione Russia, a differenza dell'Ossezia del Sud, provincia secessionista della Georgia per il controllo della quale è scoppiata una guerra tra Tbilisi e Mosca nell'agosto 2008. La Russia, nell'autunno del 2008 ha riconosciuto l'indipendenza di Ossezia meridionale e Abkhazia. Seguita da due soli stati: Nicaragua e Bielorussia.

[2] In *La storia siamo noi, cit.*

[3] In *Letter to Anna, cit.*

10. Noi

[1] Il Komsomol' (contrazione di *Kommunisticeskij Sojuz Molodezei*) era l'organizzazione giovanile del Pcus, il partito comunista dell'Unione Sovietica.

[2] Gruppo paramilitare serbo che ha compiuto crimini contro l'umanità durante le guerre nell'ex Jugoslavia. Il leader dell'organizzazione, Željko Ražnatovič detto Arkan, è stato ucciso in un albergo di Belgrado nel 2000.

[3] Tipica forma di «dissenso popolare» ai tempi sovietici.

[4] Viene chiamato *čekista* chiunque abbia fatto parte dei servizi segreti sovietici. Il nome deriva da *Čeka*, la prima polizia politica creata dopo la Rivoluzione d'Ottobre per scovare i controrivoluzionari.

[5] Leonardo Coen, *cit.*

[6] Garri Kasparov a Milano il 29 ottobre 2008, *cit.*

11. Ci sarà un giudice a Mosca?

[1] Scrive Anna Politkovskaja: «La pessima fama del Serbskij risale agli anni sovietici quando tra le sue mura venivano dichiarati pazzi i dissidenti che si opponevano al comunismo, alla menzogna totalitaria e alla repressione politica. I dottori del Serbskij non mancavano mai di ottemperare agli ordini dell'onnipotente Kgb». Ricorda l'attivista dei diritti umani Ljudmilla Alekseeva: «Solo nel 1971, su ottantacinque colpevoli di crimini politici, ventiquattro - quasi un terzo, dunque - furono ritenuti incapaci di intendere e volere».

[2] A denunciare Budanov fu un suo superiore il generale Gerasimov, verso il quale la Politkovskaja spende parole di elogio per l'estremo coraggio dimostrato: il generale non sarà nemmeno sentito come teste nel processo-farsa istruito dalla giustizia russa.

[3] Aleksandr Gel'evič Dugin (1962), intellettuale russo, uno dei fondatori, con Limonov, del Partito Nazional-boscevico e poi di partiti e Ong eurasiatiche. Sostenitore di Putin (e della guerra in Georgia: «Occupiamo Tbilisi!», ha continuato a ripetere per giorni, durante il conflitto russo-georgiano del 2008) è uno dei principali oppositori delle rivoluzioni democratiche e dell'influenza occidentale in Russia.

[4] È il titolo onorifico che ha preso il posto di «Eroe dell'Unione Sovietica», medaglia d'oro distribuita dal Presidium del Soviet Supremo ai cittadini più fedeli all'Urss. Ora sono premiati i più fedeli al duo Putin/Medvedev.

[5] Il *Giusto* (*Tzadik* in ebraico) è secondo il Talmud «colui i cui meriti sorpassano le iniquità». Secondo la tradizione ebraica ne esisterebbero 36 in ogni generazione. Grazie a loro, il mondo non viene distrutto. Per il Talmud infatti «chi salva una vita salva il mondo intero».

[6] Antonio Pagliaro, *Il sangue degli altri*, Sironi, Milano 2007.

[7] Fëdor Dostoevskij, *I demoni*, Mondadori, Milano 1953.

[8] Che la Russia sia un *Paese non libero* lo conferma l'analisi fatta dalla Ong americana Freedom House che ogni anno certifica le libertà individuali e di stampa in tutti i paesi del mondo.

[9] *Russia: Dubrovka, spariti beni ostaggi, chiesto risarcimento*, «Ansa», 22 ottobre 2008.

12. Bolscevismo o il ritorno a casa

[1] Viktor Erofeev, *Il buon Stalin*, Einaudi, Torino 2008.

[2] «France Presse», 17 febbraio 2000.

[3] Leonid Il'i Breznev (1906-1982), politico sovietico, segretario del Partito comunista dell'Unione Sovietica tra il 1964 e il 1982.

[4] Jurij Vladimirovič Andropov (1911-1984), politico sovietico. Già a capo del Kgb, è stato segretario del Pcus dal 1982 fino alla morte.

[5] Nikita Sergeevič Chruščëv (1894-1971), politico sovietico. Fu segretario del Pcus dopo Stalin e avviò la destalinizzazione dell'Urss. Fu il primo capo di stato sovietico ad andare in visita ufficiale negli Stati Uniti.

[6] Comizio di Vladimir Putin a Monaco di Baviera del 21 giugno 2007, nel quale l'allora leader del Cremlino ha tracciato la nuova politica estera russa, non proprio orientata al dialogo con l'Occidente.

[7] Fiammetta Cucurnia, *Due o tre regole sicure per vivere felici nella Russia di Putin*, «Il Venerdì di Repubblica», 2 gennaio 2009.

[8] Jacques Allaman, *Cecenia, ovvero l'irresistibile ascesa di Vladimir Putin*, Fazi, Roma 2003.

[9] Aleksandr Isaevič Solženicyn (1918-2008), premio Nobel per la letteratura nel 1970. Dissidente sovietico, descrisse la vita nei campi di concentramento staliniani in *Arcipelago Gulag*. Tornato in Russia negli anni Novanta, ha apprezzato e sostenuto (prestando la sua immagine per una campagna pubblicitaria) la politica nazionalista di Putin.

[10] Perviy Kanal che è possibile vedere anche in Italia, sulla piattaforma Sky. I telegiornali sono ora un mirabile mix di Medvedev e Putin.

[11] Vitalij Aver'janov, *Perché non possiamo dirci occidentali*, «Limes», Progetto Russia, 3/2008.

[12] Umberto Eco, *Il lupo e l'agnello*, conferenza all'Università di Bologna, 20 maggio 2004.

13. Il coccodrillo del Cremlino

[1] Amartya Sen, *La democrazia degli altri*, Mondadori, Milano 2004.

[2] Andrzej Stasiuk, *Marionette a Mosca*, «L'Espresso», 10 aprile 2008.

[3] Gianluca Brullo, *Kasparov e la scacchiera truccata*, «Diario», 15 marzo 2008.

[4] Alessandro Amadori, *Mi consenta*, Scheiwiller, Milano 2002.

14. L'idiota

[1] Dopo la strage di Beslan, con la scusa di serrare le fila nella lotta al terrorismo, il Cremlino ha abolito le elezioni locali per le 89 fra repubbliche, dipartimenti, territori, regioni e città che compongono la Federazione Russa. I presidenti degli enti locali sono nominati direttamente dal presidente. È chiamata la «verticale del potere».

[2] Non la pensano così gli autori del film *Borat*, personaggio satirico kazako.

[3] Anna Politkovskaja, *Giustizia per la gente di Cecenia, questo il mio ultimo sogno*, «Novaya Gazeta», 9 ottobre 2006.

[4] Il motivo dell'esclusione dalle elezioni era una banale scusa: la carta di identità di Sajudallaev come luogo di nascita indicava semplicemente «Alchan-Jurt, Cecenia», mentre avrebbe dovuto riportare «Alchan-Jurt, Repubblica socialista sovietica autonoma della Cecenia-Inguscezia».

[5] Vincent Prado, *Così il presidente amico di Putin ha «normalizzato» la Cecenia*, «Magazine del Corriere della sera», 12 giugno 2008.

[6] Asne Seierstad, *cit.*

[7] Boris Berezovskij (1946), oligarca, amico di El'cyn e della sua famiglia, viene considerato l'inventore della candidatura di Vladimir Putin. Una volta che l'ex spia del Kgb è stato eletto al Cremlino i rapporti tra i due si sono pesantemente incrinati. Berezovskij ha dovuto riparare a Londra. Qui l'uomo ha cambiato nome (ora si fa chiamare Platon Elenin) e ottenuto asilo politico. Finanzia i movimenti rivoluzionari antiputiniani, invita ad abbattere il tiranno e denuncia a più riprese tentativi delle spie russe di liquidarlo. È ricercato dalla giustizia russa, ma gli inglesi negano l'estradizione.

[8] Asne Seierstad, *cit.*

[9] Andrew Osborne, *Ramzan Kadyrov: The warrior king of Chechnya*, «The Independent», 4 gennaio 2007.

[10] Conferenza stampa a Mosca del 28 agosto 2007. Alla domanda se si riferisse a Berezovskij, il procuratore Chajka si limita a sorridere.

15. Addio Anna

[1] Stefano Massini, *cit.*

[2] Fabrizio Dragosei, *Mosca, uccisa la reporter che denunciò gli orrori della guerra in Cecenia*, «Il Corriere della Sera», 8 ottobre 2006.

[3] Auto russa costruita sul modello della Fiat 125.

[4] Il funerale della Politkovskaja si è svolto nel cimitero moscovita di Troekurovskoje il 10 ottobre 2006. Assenti tutte le autorità russe. Presenti invece dieci delegazioni straniere ufficiali. L'Italia era rappresentata dall'europarlamentare radicale Marco Pannella. Presenti soprattutto, malgrado il cimitero fuori mano e non servito dai mezzi pubblici, migliaia di persone, migliaia di lettori orfani della più grande giornalista russa degli ultimi lustri.

[5] Anna Zafesova, *Il pudore della mia amica Anna Politkovskaja*, «La Stampa», 10 ottobre 2006.

[6] Adriano Sofri, *In ricordo di Anna P.*, «La Repubblica», 21 settembre 2008.

[7] Jurij Družnikov, *Angeli sulla punta di uno spillo*, Barbera, Siena 2005.

[8] Astrit Dakli, *Niente giornalista, niente problema*, «il manifesto», 8 ottobre 2006.

[9] Il leader del gruppo criminale, Movladi Atlanheriev, è scomparso il 31 gennaio 2008, probabilmente rapito e vittima di quella che in Italia viene chiamata «lupara bianca».

[10] Per questo delitto è ricercato un altro membro dei Lasanskij, l'ex guerrigliero ceceno Akhmed Nukhaiev.

[11] Per far capire come funzioni la giustizia russa e quali preoccupazione abbiano i giudici in questo caso, si pensi che la decisione di tenere le udienze pubbliche viene presa il 17 novembre. Il 19 il giudice annuncia che il dibatti-

mento sarà a porte chiuse, salvo cambiare nuovamente (e definitivamente) idea il 25 novembre.

[12] Valentina Barbieri, *Politkovskaja, processo-spettacolo o sintomo dei mali di Russia?*, www.lsdi.it, 29 novembre 2008.

[13] Di giurati durante il processo di primo grado ne verranno sostituiti, per i motivi più vari, ben quattro.

[14] Le udienze sono comunque seguite da pochissimi giornalisti, per lo più stagisti, cui difficilmente viene chiesto di scrivere articoli sul processo.

[15] *Delo Politkovskoj: den' otkrytych dverej (Caso Politkovskaja: il giorno delle porte aperte)*, «Novaya Gazeta», 30 agosto 2007.

[16] Franco Venturini, *Diritti umani, Berlusconi preme con Putin. Un'opera di persuasione. Senza clamore*, «Il Corriere della sera», 21 febbraio 2009.

16. Un albero per Anna

[1] Gabriele Nissim, *Una bambina contro Stalin*, Mondadori, Milano 2007.

[2] A Milano il Giardino dei Giusti è ai piedi del Monte Stella, la montagna creata nel dopoguerra con i resti dei palazzi bombardati durante la seconda guerra mondiale.

[3] Tzvetan Todorov, *Gli abusi della memoria*, Ipermedium, Napoli 1996.

[4] *High-profil lawyer murdered in central Moscow*, «Russia Today on line», 20 gennaio 2009.

[5] Lettera aperta del *Committee to Protect Journalist* del 5 febbraio 2009.

[6] Serena Vitale, *Per Anna traduttrice scomparsa*, «Il Sole 24 ore», 16 dicembre 2007.

[7] Pierpaolo Pasolini, *Cos'è questo golpe? Io so*, «Il Corriere della sera», 14 novembre 1974.

L'AUTORE

Andrea Riscassi, nato nel 1967, sposato con una figlia, è giornalista della Rai di Milano, dove si occupa di politica e di cronaca. Ha iniziato, giovanissimo, prima a «Società Civile, poi al «Corriere della Sera» nelle pagine culturali e di cronaca per approdare in televisione nel 1991. Per il servizio pubblico ha seguito le guerre balcaniche e le rivoluzioni democratiche nei paesi ex sovietici e moltissime manifestazioni politiche e campagne elettorali, in Italia come all'estero. Ha collaborato con Gianni Riotta ed Enrico Deaglio a *Milano, Italia* e con Enzo Biagi a *Il Fatto*. È uno degli intervistatori, a bordo ring, di *Dodicesimo round* (Rai Due).

Ha curato (con Paolo Costa) *Al nostro posto*, antologia di scritti di Piero Gobetti (Limina, 1996). Nel 2007, il suo primo libro, *Bandiera arancione la trionferà* (Melampo editore), sulle rivoluzioni liberali nell'est Europa. Sempre nel 2007 ha scritto l'introduzione di *Miracolo a Milano* di Nicoletta Molinari (Edizioni Sonda).

Dal 7 ottobre 2006 (giorno dell'omicidio) sta cercando di tenere viva la memoria di Anna Politkovskaja. Dal suo appello *Un albero per Anna* è nata l'associazione *Annaviva*, che si occupa di diritti umani e di democrazia nell'ex spazio sovietico e cui ha ceduto i diritti di quest'opera. Nel 2009 è stato finalmente piantato, come richiesto da migliaia di persone, un albero per la Politkovskaja nel Giardino dei Giusti di Milano. Per questo suo impegno Andrea Riscassi è stato insignito della medaglia d'oro della Provincia di Milano, il Premio Riconoscenza 2008.

RINGRAZIAMENTI

L'elenco delle persone da ringraziare potrebbe durare varie pagine perché, da quando mi occupo di non far dimenticare Anna Politkovskaja in Italia, ho conosciuto centinaia di persone, molte delle quali mi sono diventate amiche (a volte anche solo virtualmente, grazie a quell'incredibile strumento di comunicazione che è rappresentato da Facebook). Ma devo fare necessariamente una sintesi.

Grazie innanzitutto alle migliaia di cittadine e cittadini che hanno firmato i vari appelli per Anna Politkovskaja che ho lanciato dopo la sua morte.

Grazie al presidente del Consiglio comunale di Milano Manfredi Palmeri, senza di lui l'albero per Anna non sarebbe mai stato piantato. Grazie a Gabriele Nissim, senza il quale a Milano non avremmo un Giardino dei Giusti. Grazie al sindaco di Brescia Adriano Paroli e alla consigliera Laura Castelletti per l'altro albero per Anna piantato in una città alla quale sono particolarmente affezionato.

Grazie a Gian Piero Piretto che da anni mi aiuta ad amare la Russia e a non fare un numero eccessivo di strafalcioni nelle traslitterazioni. Grazie a Simone Denti che ha realizzato il bel disegno che compare sulla copertina di questo volume. Grazie a Matteo Cazzulani, Anna Agliati, Guido Duiella, Svitlana Matsuska, Roberto Felace, Sabrina Triola, Silvana Aversa, Pamela Foti, Orlando Cangià, Marcella Militello e tutti gli amici di *Annaviva* con cui condivido la passione per la democrazia e l'est Europa. Grazie all'associazione Articolo 21 che ha sempre sostenuto tutte le attività organizzate per onorare la memoria della Politkovskaja. Grazie anche a tutti i colleghi che mi hanno sopportato e supportato in questa battaglia per non dimenticare il sacrificio di una giornalista che ci rende ancora orgogliosi di far parte di questa vituperata categoria.

Grazie infine alla mia famiglia senza la cui pazienza e senza il cui aiuto non avrei mai potuto affrontare questa battaglia, per una volta vittoriosa. Senza di loro, senza il loro affetto e sostegno, questo libro non sarebbe mai stato scritto.

Ideazione e coordinamento
Antonio Monaco

Progetto grafico della copertina
Roberto De Gregorio

Illustrazione di copertina
Simone Denti

Redazione
Paola Costanzo

Impaginazione
Sonia Lacerenza

Stampa
A4, Chivasso (To)

I lettori che desiderano essere informati
sulle novità pubblicate dalla nostra casa editrice
o esprimere le proprie considerazioni su questo libro
possono scrivere, e comunque rivolgersi a:

Edizioni Sonda
corso Indipendenza 63
15033 Casale Monferrato (Al)
Tel. 0142 461516 - Fax 0142 461523
E-mail: sonda@sonda.it
Web: www.sonda.it

«Quel che Gandhi rappresenta
per l'Induismo e M. L. King
per il Cristianesimo,
Badshah Khan lo è per l'Islam».

pp. 216 - **€ 14,00**

SONDA

Proposte, esempi e informazioni utili per chi ama la democrazia e vuole farla crescere.

pp. 264 - **€ 15,00**

SONDA